新装版
パーフェクト攻略
IELTS
ライティング

[編著]
トフルゼミナール

PERFECT STRATEGIES
FOR WRITING SECTION

テイエス企画

はじめに

日本で英語運用能力試験というと、まず英検とTOEICを思い浮かべる人が多いのではないでしょうか。海外大学への留学を目指す人にとってはTOEFLもなじみがあるかもしれません。しかし、近年IELTS (International English Language Testing System)に関心が集まっています。2000年以降全世界で受験者が急増し、今では年間300万人以上となっています。

これまで、IELTSというとイギリスやオーストラリアの大学への留学を希望する学生が受ける試験との印象が強かったかもしれませんが、今や多くの米国大学でも学生の英語運用能力の判断基準として導入されています。日本では大学のみならず、政府機関も国家公務員試験にIELTSを採用する傾向があります。これからも実用的な英語力を正確に測定できる試験としてIELTSはさらに身近なものになるでしょう。

IELTSのライティングセクションでは、2つの異なるタスクが出題されます。タスク1ではグラフや図表で示された情報を言葉でまとめることが、タスク2では与えられたトピックに関して自分の考えを提示することが求められます。重要な特徴を見極めながら客観的に情報を整理する力と、論理的に議論を展開する力の2つが試されていると言えるでしょう。

本書では、まずライティングセクションのすべての設問形式について分析し、解法を確認します。その後、本試験9回分の演習問題で徹底的に書く訓練をします。それぞれの問題に対してエッセイを書くための準備メモとサンプルエッセイを収録し、効果的な解答の仕方を示してありますので、おおいに参考になるでしょう。最後に、総仕上げとして本試験と同じ形式と分量の模試2セットに取り組みます。

この一冊を解ききれば、充分な実践的演習を通してIELTS試験のライティングセクションの対策は万全です。本書が皆さんの国際舞台での活躍の足がかりになることを願っています。

トフルゼミナール

目　次

第1章　知っておきたい 11 の設問タイプ

第2章　ライティングセクション問題演習

第3章　ライティング実戦模試

Appendix
ライティングセクション攻略のための必修フレーズ100

本書の取り組み方

本書の構成

第 1 章　知っておきたい 11 の設問タイプ

全般的な攻略法の解説に加えて、ライティングセクションで扱われる設問のタイプを 11 に分けて紹介します。例題を解きながら、問題の特徴や何を問われているのかについて確認しておきましょう。

第 2 章　ライティングセクション問題演習

分野別問題演習です。各問題では第 1 章で確認した設問タイプが盛り込まれていますから、本番を想定して問題の解き方を身につけましょう。解答解説では準備メモの例や、サンプルエッセイを掲載していますので参考にしてください。

第 3 章　ライティング実戦模試

本番同様、タスク 1 とタスク 2 にまとめて挑戦する実戦模試です。時間内にどれくらい回答できるか、また設問を正しく理解し、的確に答えられているかどうかを確認しましょう。

Appendix　ライティングセクション攻略のための必修フレーズ 100

スムーズにエッセイを構成し、良い評価を得るための 100 の重要表現を設問タイプ・機能ごとに整理し、例文とともに取り上げました。特に例文中の赤字を付した表現を覚え、答案作成時に積極的に活用できるように練習してください。

解答用紙　巻末には、Exercise と実戦模試のための解答用紙があります。必要に応じて、コピーを取って使用してください。

IELTS について

● IELTS とは？

IELTS（アイエルツ）は、International English Language Testing System の略称で、ブリティッシュ・カウンシル、IDP：IELTS オーストラリア、ケンブリッジ大学 ESOL が共同運営、管理する英語力判定試験です。世界 140ヵ国で実施されており、年間約 300 万人が受験しています。16 歳以上であれば、誰でも受験することができ、TOEFL（アメリカの非営利テスト開発機関 ETS によって運営、管理されている留学時に提出できる英語資格試験の 1 つ）と同様に、海外留学や研修の際に自分の英語力を証明するためのスコアとして利用することができます。

試験は General Training Module（一般英語）と Academic Module（学術英語）に分かれており、受験者の目的によってどちらを受けるかを決める必要があります。Academic Module は General Training Module よりも難易度が高く、海外の高等教育機関への提出用のスコアとして利用できます。本書は Academic Module のリスニングセクション対策本です。

● IELTS の構成（Academic Module の場合）

科目	試験時間	内容
Listening	30 分	4 セクション：40 問
Reading	60 分	長文 3 題：40 問
Writing	60 分	2 題
Speaking*	11～14 分	3 パート：不定数

*Speaking はネイティブスピーカーとのインタビュー形式

IELTS のスコア

IELTS のテスト結果は受験日から約 2 週間で発行されます。スコアはバンドスコア（Band Score）と呼ばれる 1.0～9.0 までの 0.5 刻みの評価数値で表されます。1.0 は英語の運用能力はほとんどない初級レベルで、9.0 はネイティブスピーカーに近い運用能力を持つことを意味します。各科目のバンドスコアと、すべての合計を平均した総合バンドスコアが通知されます。発行後の有効期限は 2 年間です。

バンドスコア一覧

Band		レベル
9	Expert User	十分な運用能力があり、適切で正確な表現を用いることができる。
8	Very Good User	十分な運用能力があるが、不得意な分野では間違いや、ぎこちない表現が散見される。
7	Good User	内容によっては誤解している場合もあるが、おおむね正確に理解し、複雑な表現も用いることができる。
6	Competent User	内容によっては誤解している場合もあるが、おおむね正確に理解し、得意分野では複雑な表現を用いることができる。
5	Modest User	部分的には実用的な表現力、理解力を持っており、おおむね正しい理解ができているが、間違いが散見される。
4	Limited User	慣れている状況や分野では基本的な運用能力がある。
3	Extremely Limited User	限られた状況や分野では一定の運用能力がある。
2	Intermittent User	実質的なコミュニケーションが困難。
1	Non User	基本的な運用能力がない。

IELTS ライティングセクションの概要

IELTS テストのライティングセクションは 60 分、2 つのタスクで構成されています。それぞれのタスクの基本的な説明は下記の表で確認してください。

タスク	目的	最低語数 *	タスクにかける目安時間
タスク 1	グラフや図表が提示され、与えられた情報を自分の言葉で表現することが求められます。情報のタイプにより、データの比較、物事の特徴や手順、働きの説明の描写をします。	150 語	20 分
タスク 2	あるトピックに関する意見、問題、または議論が提示され、意見を比較評価したり、問題の解決案を示したり、議論の内容を評価吟味したりすることが求められます。	250 語	40 分
総合時間			60 分

以下 4 つの成績評価に従い、0 から 9 ポイント（0.5 ポイント刻み）でスコアが出ます。

	範囲	焦点
1	タスク達成度 Task Achievement（タスク 1）	タスクが要求する内容をしっかりとおさえており、グラフや図表から読み取れる重要な情報を読み手に分かりやすく説明できているか。
	タスク回答度 Task Response（タスク 2）	タスクが要求する論点を踏まえ、自分の意見を説得力のある形で述べられているか。

2	一貫性と結束性 Coherence and Cohesion	トピックに対する自分の意見が途中で変わること無く書けているか、自分の主張と矛盾しない具体例が書けているか。代名詞や接続詞などの語や句が、文と文を結びつけるためにきちんと用いられているか。
3	語彙力 Lexical Resource	文脈に照らして語や句が正確に使われているか。同じ語の反復を避け、様々な語句を使っているか。スペルミスがないかなど。
4	文法力と正確性 Grammatical Range and Accuracy	文脈に照らして、使用している文法が正確に使われているか。様々な文法事項を駆使しているか。

どちらのエッセイにおいても、上記4つの基準にそれぞれバンドスコアが与えられます。それぞれのエッセイの最終スコアは、4基準のバンドスコアの平均点です（端数は整数または0.5、どちらか近いほうに切り上げ、または切り下げられます）。ライティングセクション全体のバンドスコアは2つのエッセイの平均点です。ただし、タスク2の点数は2倍で計算されます。例えば、タスク1で6.0スコア、タスク2で5.0スコアに達した受験者は、最終的なライティングスコアとして5.5を受け取ることになります。

（例：6.0*1 + 5.0*2 = 16/3 = 5.33［端数調整］= 5.5）

ライティングセクションの冒頭で、タスク1とタスク2の問題文どちらも提示されることを覚えていてください。どちらのエッセイから始めるかはそれぞれの受験生に任されています。また、20分きっかりをタスク1に充て、40分きっかりをタスク2に充てなくてはならないわけではありません（しかし、タスク2のスコアが2倍でカウントされることからこの時間配分の仕方が推奨されています）。

問い合わせ先

受験申込み、受験料の支払いなどの手続きについては下記の問い合わせ先をご参照ください。(2020年2月現在)

問い合わせ先①
公益財団法人 日本英語検定協会 IELTS 東京テストセンター
住所：〒162-8055 東京都新宿区横寺町55
TEL：03-3266-6852
FAX：03-3266-6145
E-mail：jp500ielts@eiken.or.jp

問い合わせ先②
公益財団法人 日本英語検定協会 IELTS 大阪テストセンター
住所：〒530-0002 大阪市北区曽根崎新地1-3-16 京富ビル4F
TEL：06-6455-6286
FAX：06-6455-6287
E-mail：jp512ielts@eiken.or.jp

問い合わせ先③
一般財団法人 日本スタディ・アブロード・ファンデーション（JSAF）
住所：〒169-0075 東京都新宿区高田馬場1-4-15 大樹生命高田馬場ビル3F
TEL：03-6273-9356
FAX：03-6273-9357
E-mail：academic@japanstudyabroadfoundation.or.jp

インターネット問い合わせ先
公益財団法人 日本英語検定協会の運営するIELTSホームページ
http://www.eiken.or.jp/ielts/
一般財団法人 日本スタディ・アブロード・ファンデーション（JSAF）のホームページ
http://www.jsaf-ieltsjapan.com
ブリティッシュ・カウンシルによるIELTS紹介ページ
http://www.britishcouncil.jp/exam/ielts

第1章

知っておきたい 11の設問タイプ

ライティングセクション攻略法

2つのタスクに共通

まず最初に、ライティングセクションで成果を出すための攻略法について、2つのタスクに共通する観点、タスク1、タスク2それぞれの観点から基本的なポイントを整理しておきましょう。

攻略法1 最低語数以上書く

最低でもタスク1では150語、タスク2では250語を書くよう指示があります。文章が短すぎれば減点されることもありますので、必ず語数を数えるようにしてください。例えば、語数を3行分数えて平均を出し、その平均を総行数でかけ算して全体の語数が出す方法があります。念のため、目標語数をタスク1で160語、タスク2で260語とすると良いでしょう。

攻略法2 構想をメモする

IELTSは評価基準がきちんと設定されているテストです。その評価基準を満たすようにしっかりと解答案を練ることが得点につながります。案の作成方法はさまざまですが、文章を書く前に構想をメモするようにしましょう。また解答方法は手書きですので、パソコンのように「コピー&ペースト」することができません。そういう点からも、重要なポイントをメモとして書きとめる必要があります。

攻略法3 段落に分けて書く

それぞれの段落（パラグラフ）の始めにインデントを付ける（第1パラグラフは付けなくともよい）、あるいは段落同士の間を1行空けることで段落を示すことができます。段落分けをしていることが明確ならば、どちらの方法でもかまいません。インデントを付けず1行も間を空けなかった場合、採点者は全体を1つの段落と見なし、結果として低い点をつける可能性があります。

攻略法4 パラフレーズする

評価基準に語彙力があることから分かるように問題文をそのまま書き写すというのは得策と言えません。パラフレーズ（言い換え）を駆使しましょう。例えば、問題文で *'The following chart shows how land has been zoned in a particular town in the southeastern part of the UK from 1910 to 2010.'*（下の図は、あるイギリス東南の町において、1910年から2010年の間、土地がどのように区分されているかを示している）となっていれば、*'The graph shows the changes in the zoning of private land for one town in the UK over a 100-year period.'*（このグラフは100年間の、イギリスのある町の私用土地区分における変化を示している）と書くことができます。ただし、グラフや地図内に登場する専門用語や固有名詞は文章の中でそのまま使うこともできます。

攻略法5 エッセイを見直す

減点対象となる語句の基礎的な間違いやスペルミス、主語と述語の不一致、名詞と代名詞の不一致、時制の間違いなどの基本的な文法ミスなどはできるだけ修正するようにしましょう。

タスク1について

攻略法1 書くべき重要なポイントを見極める

良いスコアを得るためには、すべての重要なポイントを入れなければならず、ポイントが抜けていれば減点されます。グラフや図表から色々な情報が読み取れますが、どれが重要なポイントでどれが重要でない細部なのかを判断することが大切です。

攻略法2 導入部分で全体像を書く

最初の導入段落では、グラフや図表が何を扱ったものなのかの概要だけでなく、それらの特徴を1つか2つ示しましょう。長さとしては1文から3文に収まるくらいがベストです。

［グラフの概要］*The graph shows the changes in the zoning of private land for one town in the UK over a 100-year period.*［グラフの傾向①］*The types of zoning include agricultural, commercial, and residential.*［グラフの傾向②］*Land used for farming has diminished while land for commerce and living areas has increased.*

（このグラフは100年間の、イギリスのある町の私用土地区分における変化を示している。区分の種類は農業、商業、住宅である。農業利用地は縮小し、一方商業利用地と生活圏が増大してきた）

攻略法3 具体的なデータを含める

多くの場合、タスク1では2つの軸を持つグラフか図表が提示されます。大体の場合、横軸が時間、縦軸が数値を表します。そこに記されている具体的な数字を必ず挙げましょう。それができなかった場合には減点されます。例えば*'Consumption of gasoline rose a little, then fell.'*（ガソリンの消費は少し上がり、そして落ちた）と書いたのでは不十分です。*'Consumption of gasoline rose from 100 million to 200 million barrels a day between 1990 and 2000, then fell to 150 million barrels by 2010.'*（1990年から2000年の間に、ガソリンの1日の消費量は1億バレルから2億バレルに上がり、その後2010年まで1億5000バレルにまで落ちた）と書かなければなりません。ただし、出てくるすべてのデータを含めなくてはならないわけではありません。おおよそ20分以内にこのタスクを終えなければならないということを考えながら、重要なポイントを説明するためにどのデータを入れるか、どれを省くか判断する能力が求められます。

攻略法4 推測したことを書かない

タスク1では与えられたものが数値であれ工程であれ、求められているのは、出されたものをただ説明することです。受験者の主観的な意見は求められていません。例えば、ある国での人口増加を示す図表に対して、*'I think the population is rising because of immigration, or maybe because the economy is doing well.'*（人口が増えているのは移民がいること、あるいは経済がうまくいっているからだと思う）などと書いてはいけません。こういった意見を書くのはタスク2です。

攻略法5 タスク 1 に時間を割きすぎない

IELTS ではタスク 1 とタスク 2 を仕上げるために 1 時間が与えられており、それぞれ 20 分、40 分をかけることが目安とされてはいますが、時間配分の仕方は皆さんに任されています。しかし、制限時間の点からも重要なポイントに集中し、ささいなポイントは無視するように、優先順位をつけることが大切です。

攻略法6 グラフや手順を描写するための基本語彙を増やす

基本的に英語のライティングでは同じ言葉の繰り返しを避けます。同じ現象を異なる言葉で表現できるようになることが大切です。例えば、グラフの上昇線に対しては、'increasing'（増加している）や 'rising'（上がっている）、逆に下降線については、'falling'（減少している）または 'declining'（下降している）と表現できます。'slowly'（緩やかに）や 'rapidly'（急激に）などの副詞とセットで使えれば細かい描写が可能になります。このような基本語彙のバリエーションを増やせば繰り返しを避けることができます。

タスク 2 について

攻略法1 設問で求められていることを書く

設問には、ある課題の 2 つの側面を論じるように求めるものや、どの程度賛成または反対するかを示すよう求めるものがあります。そのような場合、賛成・反対両方の側面について述べなければなりません。例えば、*'Discuss both sides of the question of whether sports should be given more funding.'*（スポーツにもっと資金が与えられるべきか否か、2 つの側面を論じなさい）というお題が出されたら、賛成、反対両方の立場を書いたうえで、自分がどちらの立場かを明確に述べる必要があります。また、*'To what extent do you agree or disagree?'* と「どの程度賛成、または反対か」を述べるように求めている設問であれば、「**どの程度**賛成、または反対か」と問われているので、完全にあるいは部分的に賛成か反対かまで示さなければなりません。

攻略法2 効果的な導入部を書く

導入部の段落の出だしは一般的な内容の文から始めるのが良いでしょう。次の1、2文で自分の立場を明らかにし、最後にボディ（本論）パラグラフの内容を予告した文で終わるようにしましょう。例えば、*'Improving public transport options is the best way to deal with air pollution and the overuse of valuable resources such as oil.'*（公共交通機関の選択を増やすことが、大気汚染や石油などの貴重な資源の無駄使いに取り組む最善の策である）という考えに賛成するか反対するかを聞かれたら、下記のような導入段落を作ることができます。

［一般的な内容］*As the population of the world increases, the need for better public transport networks will continue to rise.* ［自分の立場を示す部分①］*Giving people more commuting options may discourage them from using their own private vehicles, which could reduce the amount of greenhouse gases produced.* ［自分の立場示す部分②］*Although air pollution and the overuse of finite resources are major problems that must be dealt with, I do not believe that improved public transport is the best solution.* ［次の段落の予告］*Instead, we need to look at expanding our use of alternative energy sources and changing our consumer habits.*

（世界人口の増加に伴い、より良い公共交通網の必要性は高まり続けている。通勤通学方法の選択肢を多く与えれば、人々は自家用車を使うことを思いとどまり、それにより、温室効果ガス排出量は減るかもしれない。大気汚染や限りある資源の使用過多は取り組まなければならない重大な問題ではあるが、公共交通の改善が最適な解決策だとは思わない。代わりに、代替エネルギー資源の利用を拡大し、消費の仕方を変えることを検討すべきである）

攻略法3 意識して高度な語句を使う

IELTSテストで良い成績を取るには、幅広い語彙が使えるということをアピールしなければなりません。意識して複雑な構文や難しい語句を使うことがスコアを上げる鍵となります。また、エッセイの論理の流れを良くすることも大切です。

攻略法4 トピックから離れて迷走しない

論点を広げすぎてトピックから離れてしまうことは避けましょう。ときどき手を止めて、自分が書いている内容が本当に問題に対する回答になっているのかを確認することが大切です。もちろん、内容をふくらませるためにある程度論点を広げることは認められますが、トピックから離れすぎるのは避けましょう。

タスク１の設問タイプ

タスク１ではグラフや図表が提示され、与えられた情報を自分の言葉で表現することが求められます。情報のタイプにより、データの比較、物事の特徴や手順、働きの説明の描写をします。与えられる情報は、1. グラフ・表、2. 図に大別されます。

グラフ・表

以下のようにさまざまな設問タイプに分かれます。

1. 棒グラフ（Bar charts）
2. 折れ線グラフ（Line graphs）
3. 円グラフ（Pie charts）
4. 表（Tables）
5. 組み合わせ（Combinations）

書く時間は約20分しかありませんので、グラフ・表のどのポイントについて説明すればよいのか確認しましょう。

1. 重要な傾向を見つけ、筋道が追えるような順番に整理する。

この順番とは通例、最大の傾向について最初に述べ、その後小さな傾向について述べていく、というものです。

2. 対照的、または類似するポイントをどちらも含める。

解答には表の軸にあるすべての項目を含める必要があります。例えば、6種類の車が示されていたならば、それらすべてに対し何らかの情報を含めるようにしてください。また、縦軸に1から5の数字があり、括弧付きで‘millions’（100万）という情報があったならば、‘millions’という情報は必ず含まなければなりません。これを、‘The country’s population rose from two to three’（この国の人口は2人から3人に増えた）と書いてしまうと、不正確な文になってしまいます。

1. 棒グラフ

The chart below gives information about job satisfaction among workers at a call centre for two groups. (下のグラフは、あるコールセンターの就業者を2つのグループに分け、仕事の満足度についての情報を示している)

Summarise the information by selecting and reporting the main features, and make comparisons where relevant. (主な特徴を挙げて説明することで情報を要約し、関連する点を比較しなさい)

Write at least 150 words. (150語以上で書きなさい)

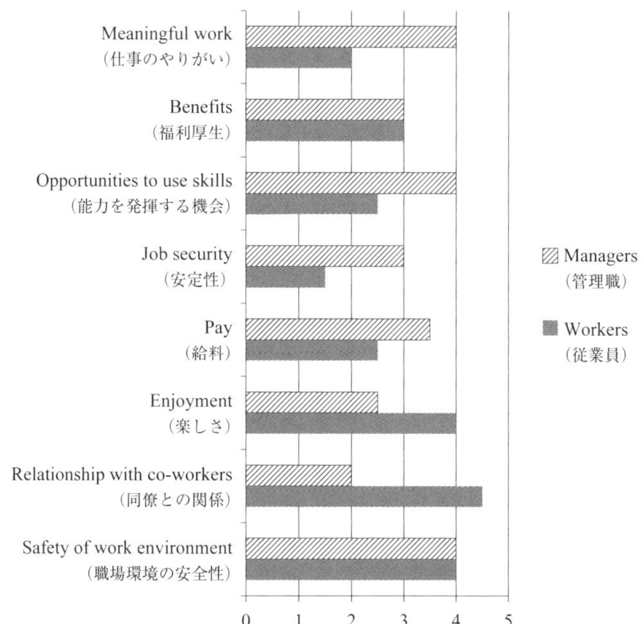

* 0 = very dissatisfied (非常に不満である)
5 = very satisfied (非常に満足している)

重要な傾向を把握する

まず、管理職が高く評価した項目に共通するテーマを探しましょう。その次に、従業員の付けた評価に対しても同じことをします。2つのグループ間での大きな違いと、管理職と従業員が同じように評価をした項目に注目してみましょう。重要な傾向が把握できたら、構想メモに反映させます。

準備メモ

8 categories: job satisfaction (call-center managers & workers)
scale: 0（very dissatisfied）—5（very satisfied）

Managers:
meaningful work & opps to use skills → 4 / pay → 3.5 / security → 3 / enjoyment → 2.5 relationship → 2
→ *Aspirational & secure*
Workers: relationships → 4.5 / enjoyment → 4 > pay & meaningful & security & use skills ↓
→ *More fun*
Same: safety & benefits (4 & 3)

サンプルエッセイ

The bar graph illustrates eight categories of job satisfaction among call-centre managers and workers on a scale from 0 to 5, with 0 standing for 'very dissatisfied' and 5 for 'very satisfied'. Overall, managers scored high on aspirational issues and workers on social issues.

Managers gave a 4 both to 'opportunities to use skills' and 'meaningful work.' After this, 'pay' was rated at 3.5 and 'job security' at 3. 'Enjoyment' and 'relationships with co-workers' came lower down on the scale, rating 2.5 and 2 respectively. Overall, satisfaction ranged in the band between 4 and 2.

Workers seem to have more fun, with 'relationship with co-workers' scoring a high 4.5 and 'enjoyment' 4, although the work paid less well, was less meaningful and secure, and offered fewer chances to use skills. Satisfaction among workers ranged in a broader band between 4.5 and 1.5.

The two groups found common ground in the areas of safety and benefits, which both managers and workers rated at 4 and 3, respectively.

(166 words)

● サンプルエッセイ訳

この棒グラフはコールセンターにおける管理職と従業員の仕事の満足度を0から5の基準で8つの項目において示したものだ。0は非常に不満、そして5は非常に満足していることを表している。概して、管理職に就く人たちは向上心に関する項目に、従業員は社会的な項目に、高く評価を付けた。

管理職は「能力を発揮する機会」と「仕事のやりがい」のどちらにも4を付けた。続いて「給料」は3.5、「仕事の安定性」は3の評価だった。「楽しさ」と「同僚との関係」は、それぞれ2.5と2という評価で、目盛り幅のうち低いほうに来た。概して、満足度は4から2の幅にまたがっていた。

従業員は「同僚との関係」に4.5、「楽しさ」が4という高い評価を付け、仕事を楽しんでいるようだが、仕事の給料に対する満足度はあまり高くなく、やりがいや安定性も低く、能力を発揮する機会も少なかったようだ。従業員の満足度は4.5から1.5という広い幅にまたがっていた。

管理職と従業員の2つのグループで、共通していたのは安全性と福利厚生の分野で、それぞれ4と3の評価を付けた。

◆ 解説

第1パラグラフは違う言葉で、設問を言い換えています。例えば、'gives information about'（情報を与える）の代わりに 'illustrates'（描写する）を使っています。次に全体像を示すため、重要な傾向に触れています。第2パラグラフは管理職者の評価に関し、8項目のうち6項目を評価が高かったものから低かったものへ要約しています。第3パラグラフは従業員の評価に関し、8項目のうち6項目を要約しています。最後のパラグラフは管理職者と従業員が同じように評価している2項目について述べています。通常、数値に関しては、10以上の数は数字を使い、1（one）から9（nine）はアルファベットで書きますが、ここでは小数点の数（1.5、2.5、3.5、4.5）を使用するので、すべての数を数字で書いた方がわかりやすいということに留意しましょう。

役に立つ語句・表現

□ stand for ~：~を表す = represent

□ aspirational：向上心のある

□ range between 数値1 and 数値2：~が数値1から数値2の間にある。
　☞ 一定の範囲の中での変化を表す。

□ common ground：共通点
　☞ ここでは2つのグループが同じように感じる箇所

2. 折れ線グラフ

The graph below shows sales of fiction books and ebooks in the US. （下のグラフはアメリカにおけるフィクション作品の本と電子書籍の売り上げを示している）

Summarise the information by selecting and reporting the main features, and make comparisons where relevant. （主な特徴を挙げて説明することで情報を要約し、関連する点を比較しなさい）

Write at least 150 words.（150語以上で書きなさい）

Adult Fiction Sales by Format
（媒体別大人向けフィクション作品の売り上げ）

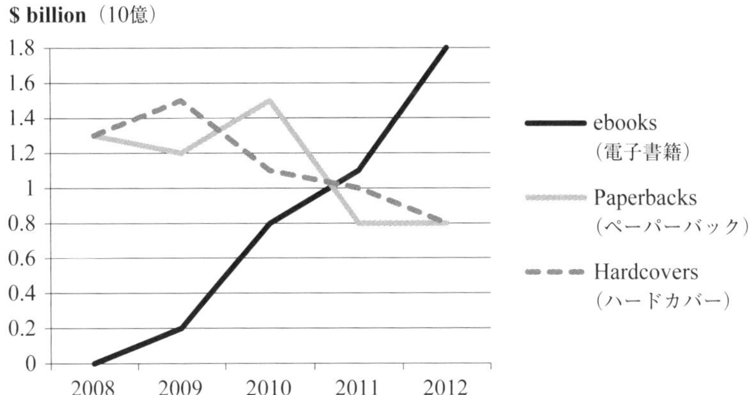

重要な傾向を把握する

他のものより目立つ線を探し、動き方を見極めましょう（上下に揺れ動いているか。それともジグザグに動いているか。あるいは穏やかに、あるいは大きく上昇または下降しているか。急上昇、急降下か）。その次にどれだけ数値を取り上げて書くか決めましょう（すべて入れるか、それとも一部のみか）。最後に、左手の軸を確認します。現れているものをそのまま（この場合、0.2、0.4など）書いてはいけません。必ず単位（ここでは$ billion = 10億ドル）を含むようにしましょう。

準備メモ

Ebooks & Paperbacks & hardcovers @ U.S.
ebooks: 3rd → 1st ⇔ other 2 types ↓

ebooks: zero (2008) → 0.2 billion (2009) ↑ → 0.8 (2010) → 1.1 (2011) → 1.8 (2012)
paperbacks: 1.3 (2008) → 1.2 (2009) ↓ → 1.5 (2010) → 0.8 (2011) → same (2012)
hardbacks: start / finish same = paperbacks → 1.5 (2009) → 1.1 (2010) → 1 (2011)

Sales for all three = about 1 (2010-2011)

● サンプルエッセイ

The graph indicates sales of ebooks, paperbacks and hardcovers in the United States. Sales of ebooks rocketed from third to first position while sales of the other two types fell in a zigzag pattern.

Ebook sales started at zero in 2008 and rose rapidly upwards, reaching $0.2 billion in 2009, $0.8 billion in 2010 and $1.1 billion in 2011 before ending at $1.8 billion in 2012. Sales of paperbacks fluctuated from $1.3 billion in 2008 to $1.2 billion in 2009 and $1.5 billion in 2010 before falling to $0.8 billion in 2011 and maintaining that level in 2012. Sales of hardcovers started and finished at the same points as those of paperbacks but fluctuated in the opposite direction, rising to $1.5 billion in 2009 before falling to 1.1 billion in 2010 and $1 billion in 2011. At one point between 2010 and 2011, the three categories were all selling at around the $1 billion mark.

(155 words)

● サンプルエッセイ訳

このグラフはアメリカでの電子書籍、ペーパーバック、ハードカバーの売り上げを示している。電子書籍の売り上げは3位から1位へと急上昇し、一方、他2つのタイプの売り上げはジグザグ型で減少した。

電子書籍の売り上げは2008年にゼロから始まり、急速に上がり、2009年に2億ドル、2010年に8億ドル、2011年に11億ドルに達し、その後2012年に18億ドルになった。ペーパーバックの売り上げは2008年の13億ドルから上下に揺れ動き、2009年には12億ドル、2010年には15億ドル、その後2011年には8億ドルにまで下がり、2012年までその水準を保った。ハードカバーの売り上げはペーパーバックの売り上げと始まりと終わりは同じ数値だったが、反対方向に上下へ揺れ動いた。2009年に15億ドルまで上がり、その後2010年に11億ドルに落ち、そして2011年には10億ドルになった。2010年から2011年にかけて、この3つのカテゴリーがすべて、およそ10億ドルの水準で売れていたときがあった。

◆ 解説

このサンプルエッセイは、概要とデータからなる2つのパラグラフで整理されています。第1パラグラフは設問をパラフレーズし、重要な傾向を加えています。第2パラグラフは3つのアイテムに関し、それぞれ順番に説明しています。'before ending at'（～で終わる前に＝その後～で終わった）や 'before falling to'（～まで落ちる前に＝その後～まで落ちた）という表現を使うことで、その文章の最後が、グラフで示された線の最終的な数値だということを示すことができます。最後の文章は3つの線が交わる点について詳しく述べています。これは特段言うべきことではないので、独立したパラグラフを作る必要はないでしょう。

役に立つ語句・表現

□ rocket：急上昇する

□ zigzag：（線などが鋭く曲がっている様子を指して）ジグザグ（の）⇔ fluctuate：（波のように）上下に変動する

□ maintain：保つ；～を維持する＝keep

□ around the … mark：おおよそ…の水準で
cf. at an approximate level：近い水準で
☞ グラフ上ではっきりとした数字が見えづらいときにはこのような表現が役立つ。

3. 円グラフ

The following charts show the share of calories consumed in the capital city of a European country.（下の表はあるヨーロッパの国の首都でのカロリー摂取の割合を示している）

Summarise the information by selecting and reporting the main features, and make comparisons where relevant.（主な特徴を挙げて説明することで情報を要約し、関連する点を比較しなさい）

Write at least 150 words.（150 語以上で書きなさい）

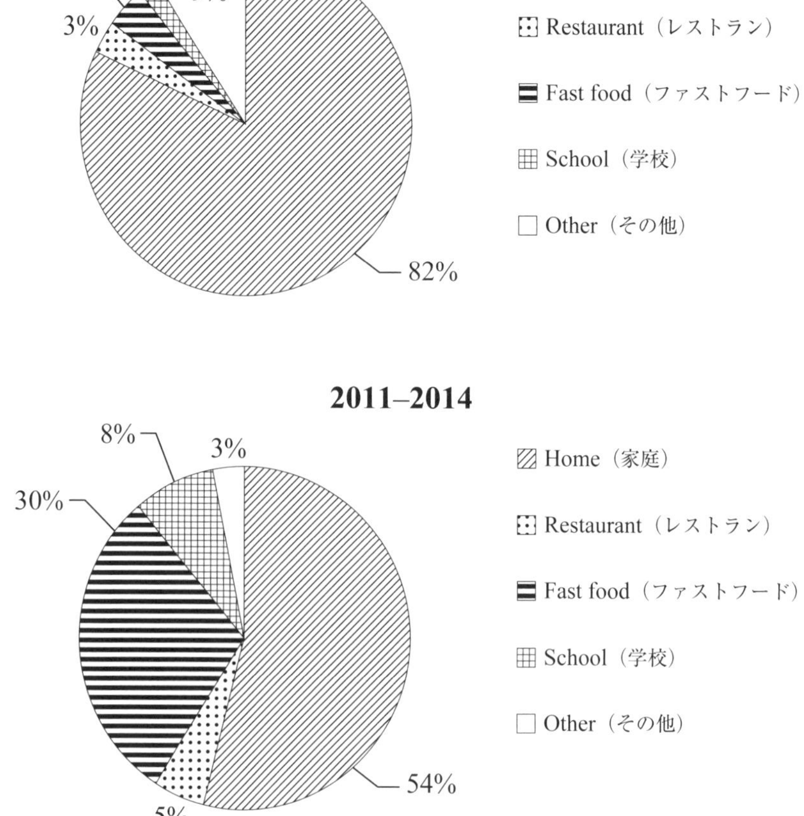

重要な傾向を把握する

円グラフでは、一目で関係性を見て取ることができます。次の準備メモのように2つの円グラフを比べると、傾向はかなり目立ちます。最も大きな項目から始め、それぞれがどう変わるか書きとめ、予想外の動きがあれば指摘しましょう。

準備メモ

%: eating at home ↓ / calories from eating out ↑

1977-1980 and 2011-2014
Home: 82% → 54% (↓ 28%) → top provider of calories
Fast food: 4% → 30% = 2nd
School: 2% → 8% = 3rd > Restaurant: 3% → 5%
Other: 9% → 3%
only ↓ = other & home

サンプルエッセイ

The two pie charts indicate calorific consumption in a European capital during two four-year time periods. The share of calories consumed at home fell dramatically, with most of this share being taken up by the increased consumption of fast food outside the home.

Between the two periods from 1977 to 1980 and 2011 to 2014, calorific consumption within the home fell 28 percentage points from 82% to 54%. Nevertheless, the home remained the top provider of calories. Calories consumed from fast food rose more than sevenfold from 4% to 30% to take second place. Next, those consumed at school rose from 2% to 8%, leapfrogging the restaurant category to take third place. Calorific consumption from restaurants increased from 3% to 5%. Finally, the number of calories provided from the 'other' category fell from 9% to 3%. Thus, the 'home' and 'other' categories were the only ones in which consumption decreased.

(151 words)

● サンプルエッセイ訳

2つの円グラフは、あるヨーロッパの国の首都におけるカロリー摂取を4年間ずつ2期間分を示している。家庭でのカロリー摂取の割合は急激に落ち、落ちた分のほとんどは増えてきた家庭外でのファストフードの摂取に取って変わられた。

1977年から1980年と、2011年から2014年の2つの期間の間に、家庭でのカロリー摂取は82%から54%と28%分落ちた。しかしながら、家庭はカロリーの一番の供給元であり続けた。ファストフードからのカロリー摂取は4%から30%と7倍以上に伸び、第2位となった。次に、学校でのカロリー摂取は2%から8%に増え、「レストラン」の項目を飛び越え第3位となった。レストランでのカロリー摂取は3%から5%に増えた。最後に、「その他」の項目から提供されるカロリー数は9%から3%に減った。このように、「家庭」と「その他」の項目の消費のみが減少した。

◆ 解説

これらの円グラフは比較的少ない情報だけを表しているので、すべての数値と所見をエッセイに書くことができます。所見は推測ではなく、データに基づくものを書いてください。

グラフの項目はカロリー摂取を反映したもので、食事を取った頻度ではないことに気をつけましょう。よって、後の期間では30%の食事がファストフード店でとられたと書くのは間違いです。ファストフードはカロリーが高い傾向にあるので、利用回数が少なくてもファストフード店で多くのカロリーを摂取した可能性があります。

第1パラグラフでは設問文を言い換え、重要なポイントを加えています。第2パラグラフではそれぞれの項目の増加・減少について詳しく述べ、2011年から2014年の期間の間で変化が大きいものから小さいものを取り上げています。統計的な情報は少ないので、目標である150語に達するために、数値に関するコメントを入れ込んでいます。例えば、学校でのカロリーの摂取について'leapfrogging' the restaurant category（レストランのカテゴリーを「飛び越している」）というのがこれにあたります。

役に立つ語句・表現

- ☐ percentage points：～% 分
- ☐ remain:（同じ順位や状態に）とどまる
- ☐ sevenfold:：7 倍 = seven times
- ☐ leapfrog ～：～を飛び越える

4. 表

The table below shows the number of medals won by ten countries in the London 2012 Olympic Games.（下の表は、2012 年ロンドンオリンピック大会における 10 か国の獲得メダル数を表している）

Summarise the information by selecting and reporting the main features, and make comparisons where relevant.（主な特徴を挙げて説明することで情報を要約し、関連する点を比較しなさい）

Write at least 150 words.（150 語以上で書きなさい）

Medal Table for the London 2012 Olympic Games
（ロンドン 2012 オリンピックゲームのメダル表）

Official ranking（公式順位）	Rank adjusted for population（人口調整順位）		Country（国）	Gold（金）	Silver（銀）	Bronze（銅）	Total（合計）
1	47		United States（アメリカ）	46	29	29	104

2	73		China （中国）	38	27	23	88
3	20		Great Britain （イギリス）	29	17	19	65
4	34		Russia （ロシア）	24	26	32	82
5	31		South Korea （韓国）	13	8	7	28
6	35		Germany （ドイツ）	11	19	14	44
7	36		France （フランス）	11	11	12	34
8	40		Italy （イタリア）	8	9	11	28
9	8		Hungary （ハンガリー）	8	4	5	17
10	11		Australia （オーストラリア）	7	16	12	35

重要な傾向を把握する

円グラフと異なり、この図表は150語以内ですべてを要約するには情報が多すぎるので、入念に選んでいく必要があります。それぞれの国と、最上位と最下位といった重要な順位には必ず触れましょう。また、2種類のランキングの違いと類似点、そして3色のメダルの獲得パターンを見つけて述べてください。

準備メモ

Official rankings = gold medal rankings

Top-ranked countries: golds > either silvers/bronzes (except for Russia)

lower-ranked countries: silvers/bronzes > gold (except for Hungary)

Ranking by population: Only Hungary in top 10 for both; Australia just outside

サンプルエッセイ

The table illustrates medal rankings for the top ten nations in the Olympic Games held in London in 2012. The official rankings were given on the basis of the gold medal tally. On a per capita basis, the countries performed less impressively.

In order, the top 10 countries by given rank were the United States, China, Great Britain, Russia, South Korea, Germany, France, Italy, Hungary and Australia. The U.S. received 46 gold medals, China 38, and Great Britain 29. At the bottom end of the rankings, Italy and Hungary both received 8 medals while Australia received 7. The top five countries except for Russia received more golds than either silvers or bronzes; the other nations except for Hungary received fewer.

Looking at the rankings according to population, Hungary performed in the top 10 both on a gold medal and per capita basis, coming 9th and 8th respectively, while Australia, placed 10th in the gold-based rankings, came just outside the top 10 to rank 11th on a per capita basis. After this came Great Britain, which placed third in the official rankings, at number 20 on a per-capita basis.

(188 words)

サンプルエッセイ訳

この表は2012年ロンドンで開催されたオリンピックゲームでのメダル獲得順位トップ10の国を表している。公式順位は金メダルの数をもとに決められている。人口1人当たりを基準に順位を決めた場合では、これらの国々は目立った結果は出せていない。

トップ10の国は順番に、アメリカ、中国、イギリス、ロシア、韓国、ドイツ、フランス、イタリア、ハンガリー、そしてオーストラリアであった。アメリカは46個、中国は38個、イギリスは29個、金メダルを獲得した。下位のほうではイタリアとハンガリーが8個、一方オーストラリアは7個、メダルを獲得した。ロシアを除いたトップ5か国は、銀、銅よりも金の獲得数が多く、それ以外の国々はハンガリーを除き、金メダルの獲得数は銀、銅よりも少なかった。

人口による順位を見ると、ハンガリーが金メダル数の順位と1人当たりの獲得数を基準とした順位において、それぞれ9位と8位と、どちらもトップ10入りを果たした。一方、オーストラリアは金メダル数の順位では10位に、1人当たりを基準とした順位では、ちょうどトップ10外となる11位となった。続いて、イギリスは公式順位で第3位、1人当たりを基準とした順位では第20位になった。

◆ 解説

第1パラグラフは設問を言い換えた後、公式順位と人口調整順位の差を重要なポイントとして述べています。次に、10か国の国名を挙げ、決められた順位のうちでの最上位と最下位のデータを示しています。表では、金、銀、銅の合計数が出ていますが、情報選択という判断により、数値は取り上げられていません。最後に、1人当たりのメダル数について述べられています。提示された情報を的確に選んでいるので、サンプルエッセイは188語で収まっています。

役に立つ語句・表現

□ tally：得点、記録　cf. total（合計）、score（得点）、sum（総数）；数を一緒に足していくときにしばしば使われる。

□ per capita：1人当たり

☞ each person（ひとりひとり）という意味のラテン語。per capita GDP（1人当たり国内総生産）といった表現でしばしば使われる。

□ impressively：強い印象を与える；印象的な

☞ 賞賛や尊敬を生み出している状態を指す。

□ just outside：ちょうど範囲や制限を超えている

5. 組み合わせ

The charts below show the number of traffic accidents occurring in the town of Swifton in one year and the contributing factors for traffic accidents among young drivers. (下の表はスウィフトンという町で1年間に起こった交通事故件数と、若年ドライバーの交通事故の要因について示している)

Summarise the information by selecting and reporting the main features, and make comparisons where relevant. (主な特徴を挙げて説明することで情報を要約し、関連する点を比較しなさい)

Write at least 150 words. (150語以上で書きなさい)

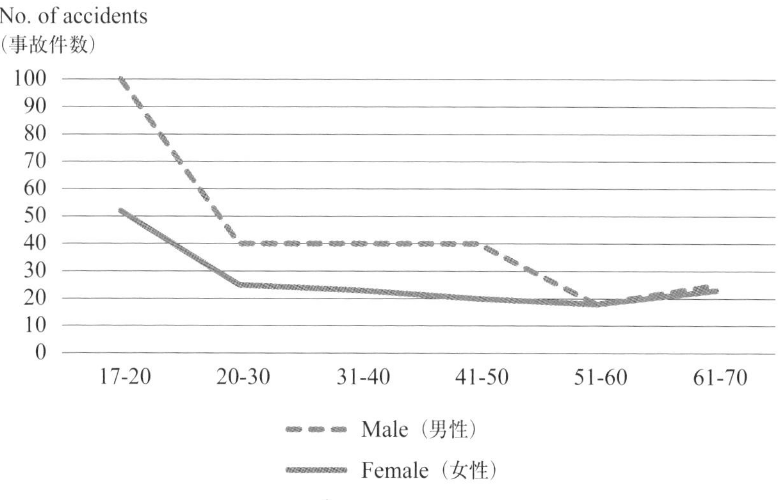

Contributing factors for traffic accidents in Swifton among drivers aged 18–22

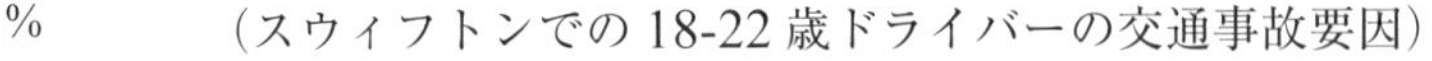

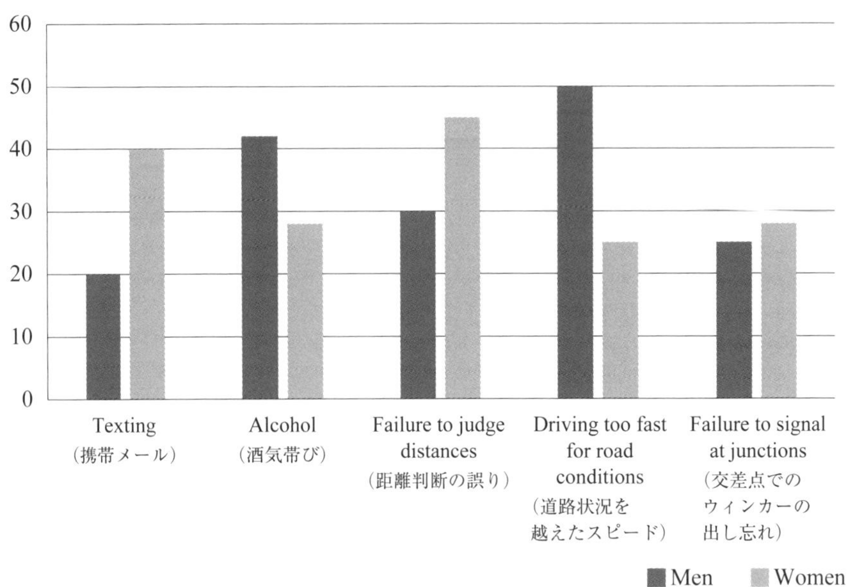

重要な傾向を把握する

この折れ線グラフは各グループの傾向を示しているので、線の動きを観察し、変化の仕方を書き留めましょう。棒グラフは異なる項目を示しているので、項目の内容に注目し、最も重要なもの、最も重要でないものを見極めましょう。最後に、2 つの表のつながりを見つけましょう。

準備メモ

Line graph Young > older people
Men > women when younger; converge after 50
Men: Drops steeply, plateaus, drops, rises gently
Women: Drops steeply, drops gently, rises gently

Bar graph Men: Speed, alcohol, distance, signal, texting
Women: Distance, texting, alcohol / signaling, speed

サンプルエッセイ

The line graph indicates the trends in traffic accident according to age and gender in Swifton during the course of one year and the bar chart shows contributing factors in these accidents among the young.

Younger people have many more traffic accidents than older people, and men have far more accidents than women. From ages 17–20, 100 men and 51 women were involved in traffic accidents. By ages 20–30, the corresponding figures were 40 for men and 25 for women. Male accidents then plateau until ages 41–50, after which they fall to just under 20 to converge with the figures for women, which have been falling gradually up to this point. After that, the two lines gradually rise slowly at a similar rate, reaching the mid-20s at ages 61–70.

The bar chart identifies the reckless behaviours that led to the relatively high number of accidents among young people. Men are more likely to drive too fast (50%) or drink alcohol (42%), followed by failing to judge distances, not signaling, and texting. Woman are more apt to misjudge distances (45%) or text (40%), and then to drink alcohol or fail to signal, and finally to speed. Interestingly, speed is the biggest contributing factor for men but the smallest for women.

(209 words)

サンプルエッセイ訳

折れ線グラフは1年の期間中にスウィフトンで起こった交通事故の傾向を年齢と性別に基づき示したもので、棒グラフの表は事故のうち、若年層が起こしたものの原因を示したものである。

若い人々は年齢が上の人よりも多くの交通事故を起こしており、また、男性は女性よりも事故件数が多い。17歳から20歳のうち、100人の男性と51人の女性が交通事故に巻き込まれた。20歳から30歳では、男性は40人、女性は25人だった。男性の事故件数は 41 歳から 50 歳まで停滞し、その後、20 以下に下がり、緩やかに低下している女性の数字と同じになる。その後、2 つの線は同じ速さで緩やかに上昇し、61 歳から 70 歳では 20 台半ばに達している。

棒グラフは、若年層の事故件数が比較的多くなった原因である無謀な振る舞いを表している。男性はスピードの出しすぎ（50%）、あるいは酒気帯び（42%）で運転する傾向があり、次に距離の判断違い、ウィンカーなし、運転中の携帯メールと続く。女性は距離の見誤り（45%）あるいは運転中に携帯メール（40%）をするという傾向があり、次に酒気帯び、ウィンカーの出しそびれ、最後にスピードの出しすぎとなっている。興味深いことに、スピードの出しすぎは男性にとっては最大の要因だったが、女性では最小のものとなっている。

◆ 解説

第 1 パラグラフは設問を別の言葉で言い換えています。第 2 パラグラフは、折れ線グラフの重要な傾向を示すことから始まり、具体的な数値を挙げています。第 3 パラグラフは棒グラフ内の情報を要約しています。主要な傾向は、第 1 パラグラフ内ではなく、第 2、第 3 パラグラフの初めに分けて述べられていることに注目しましょう。この構成で差し支えありません。重要な傾向はエッセイのどこかで必ず述べるということがとても大切です。

役に立つ語句・表現

□ be involved in：～に巻き込まれる；～に関与する
☞ しばしば危険や喜ばしくない文脈で使われる。

□ plateau：横ばいになる
☞ 活発な時期の後にくる、ほとんど変化のない状態。

□ converge：交わる
☞ 1 つの地点に向かって動き、一緒になること。

□ misjudge：誤った推測や評価をする

図

タスク 1 での図の基本タイプは 3 通りです。

1. 過程（Processes）
2. 物の仕組み（How something works）
3. 出来事の前後（Before and after）

タスク 1 の表問題では大量のデータを要約しますが、過程［工程］の図の問題では順序や説明をまとめます。したがって、表問題とは異なる能力が求められています。最初のステップは、過程の始めと終わりを見極め、基本的な段階がいくつあるのかを判断することです。はっきりわかる場合もあれば、そうでないときもあります。次のステップは、過程がどのような役割を果たすのかを理解したうえで、それをどのように整理するかを考えることです。冒頭では設問文を言い換え、重要な特徴について述べるだけでなく、その過程には何段階あるのかを述べます。残りの段落では段階や特徴につき、できるだけ詳しく述べます。グラフのタスクと同様に、良い要約（ライティングエッセイ）とは、読み手が図を見ることがなくとも、大体をイメージできるくらい十分な情報を含んでいるものです。

図について述べる際には、順番を表す単語、例えば、'next'（次に）、'after that'（その後で）、'subsequently'（その後に）、'consequently'（その結果）、そして'finally'（最後に）、また方向を表す単語、例えば、'north'（北）や'northwest'（北西）などが役立ちます。データのタスクよりも、受動態を使う必要が多いかも知れません。英語のライティングでは一般的には受動態よりも能動態が好まれますが、主語がはっきりとしないときには受動態の構造を使うことが役立ちます。例えば、'Next, the grains are washed and sent to the oven.'（次に、穀物は洗われ、オーブンに送られる）というものです。

1. 過程

The diagram below shows the life cycle of a white pine tree.
（下の図はストローブマツのライフサイクルを示している）

Summarise the information by selecting and reporting the main features, and make comparisons where relevant.（主な特徴を挙げて説明することで情報を要約し、関連する点を比較しなさい）

Write at least 150 words.（150語以上で書きなさい）

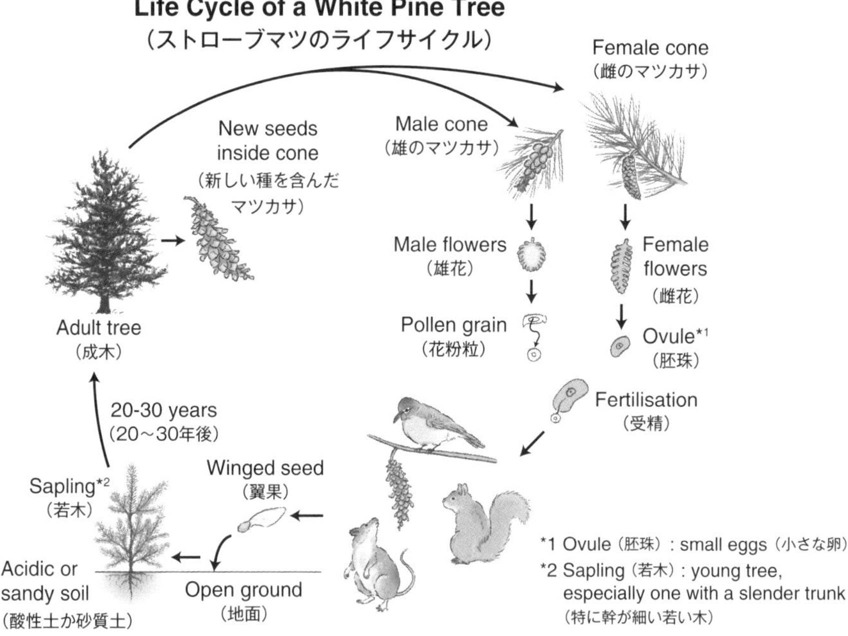

重要な傾向を把握する

図表の情報を順序よく段階的にグループ分けしましょう。すべての情報をたった20分以内に書ききることはできませんので、情報は慎重に選択しなければなりません。重要な情報は書き留め、詳細な説明は省くようにしましょう。省いた情報は、必要であれば後から埋めることもできます。

準備メモ

Seven stages

1. Tree → cones
2. Small male cone → pollen-bearing flowers
   Larger female cone → female flowers
3. Pollen fertilises ovule
4. Birds / small animals eat seeds
5. Some float → open grd
6. Seed → sapling
7. Sapling → mature adult

● サンプルエッセイ

The life cycle of a white pine tree occurs in seven stages, beginning with the production of cones and ending with growth into a mature adult. The adult tree produces two types of cones, a smaller male cone and a larger female cone. The male cone produces pollen-bearing flowers and the female ovule-bearing flowers. The pollen grains on the male cones then fertilise the ovules on the female cones, and winged seeds are created.

Small animals and birds eat many of the seeds on the cone, but some are released and float from the pine cone until they reach open ground. After that, the seeds take root and grow into saplings. The saplings require plenty of sunlight and acidic or sandy soil in order to grow properly. Over a period of 20 to 30 years, the trees grow to maturity. They start producing seed-bearing cones, and the cycle begins again.

(150 words)

サンプルエッセイ訳

ストローブマツのライフサイクルには、7つの段階があり、マツカサを作るところから始まり、成熟した大人へと成長して終わる。成木は小さな雄と大きな雌の、2種類のマツカサを作る。雄のマツカサは花粉を含んだ花を、そして雌のマツカサは胚珠を含んだ花を作る。それから雄のマツカサの花粉の粒子は、雌のマツカサの胚珠に受精し、翼果が作られる。

小動物や鳥が多くのマツカサの種を食べるが、食べられなかったものは、マツカサから離れ漂い、開けた土地にたどり着く。その後、種は根を生やし若木へと成長する。若木がきちんと育つためには、十分な日光と、酸性あるいは砂質の土壌が必要である。20～30年の期間を経て、木は成熟期を迎える。成熟した木は種を含んだマツカサを作り始め、この循環が再び始まる。

◆ 解説

過程の図表では、このサンプルエッセイの一番初めの文章のように、段階がいくつあるのか、また最初の段階から最後の段階までの間にどのような変化が起きるかを述べることで、重要なポイントを満たすことができます。良いエッセイは 'first'（第1に）、'second'（第2に）、'third'（第3に）、そして 'fourth'（第4に）と機械的に進んではいないことに留意しましょう。代わりに、'then'（それから）、'after that'（その後）、'over a period of ...'（～の期間を経て）と、わかりやすい転換を示す表現を使い、自然な方法でエッセイの流れをよくします。段階がいくつあるかという説明の仕方には違いが出ることもあります。ここで、この書き手は7段階と見ていますが、もう少し詳しく表すと、8段階とも取れるでしょう。能動態と受動態が混ぜて使われていることにも注目しましょう。上述のとおり、英語のライティングでは一般的には能動態が好まれますが、これらの類の説明には受動態もまた役に立ちます。

役に立つ語句・表現

- □ mature：成熟した
- □ pollen-bearing / seed-bearing：花粉を含んだ / 種を含んだ
  = carrying pollen / carrying seeds（花粉を運んでいる / 種を運んでいる）

□ grain：粒子、つぶ
□ open ground：開けた土地 ☞あまり木々がなく、ほぼ平らに開けた場所

2. 物の仕組み

The diagram below shows the operation of an espresso machine.（下の図はエスプレッソマシーンの仕組みを示している）

Summarise the information by selecting and reporting the main features, and make comparisons where relevant.（主な特徴を挙げて説明することで情報を要約し、関連する点を比較しなさい）

Write at least 150 words.（150語以上で書きなさい）

Operation of a double boiler espresso machine
（ダブルボイラーエスプレッソマシーンの基本操作）

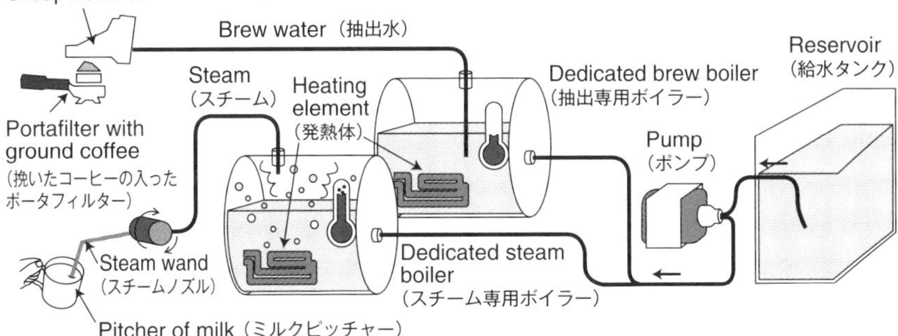

重要な傾向を把握する

初めにいくつ段階があるかを見極めましょう。小さな段階がたくさんあり、簡単に特定できない、あるいはそれぞれの段階が並行して起こっているのであれば、小さな段階はまとめ、1つの段階としましょう。次に、時間の制限があるので、どの段階に重きをおくべきかを決めましょう。

準備メモ

Four basic steps

1. Reservoir → pump

→ 2a brew boiler → 3a group head / portafilter → 4a cup of coffee
2b steam boiler → 3b steam wand → 4b pitcher of milk

● サンプルエッセイ

The diagram illustrates the workings of an espresso machine. The process involves four basic steps with some parallel operations that result in the emission of hot water and steam for frothing milk.

First, a pump draws water from a reservoir and sends it to two separate boilers. The first is specialised to boil water for brewing and the second to create steam. Once the water enters the boilers it gets heated by the heating elements. From the first boiler, the heated brew water gets sent through a narrow pipe to the group head. A portafilter containing ground coffee attaches to the brew head. The hot water is now ready to percolate through the portafilter to produce a cup of coffee.

The second boiler works in the same way as the first, but this time the hot water is sent to an adjustable steam wand. The person brewing the coffee inserts the steam wand into a pitcher of milk and holds the pitcher upright while rotating it in a clockwise direction.

(170 words)

● サンプルエッセイ訳

この図はエスプレッソマシーンの仕組みを説明している。この工程には、4つの基礎的な段階があり、お湯を出すこととミルクを泡立てるためのスチームを出すことの作業が並行して行われている。

第1に、ポンプが給水タンクから引いた水を2つの別々のボイラーに送り込む。1つ目はコーヒーを抽出するための水を沸騰させる専用のもので、2つ目はスチームを作る専用のものである。いったんボイラーに水が入ると、発熱体により熱される。第1のボイラーより、熱せられた抽出水は細いパイプを通りグループヘッドへ送られる。グループヘッドには、粒状に挽（ひ）かれたコーヒーが入ったポータフィルターが取り付けられている。こうして、お湯はポータフィルターを通り、1杯のコーヒーをいれる準備が整う。

2つ目のボイラーも1つ目と同じように働くが、今回は、お湯は調整式のスチームノズルに送られる。コーヒーをいれる人がミルクピッチャーにスチームノズルを入れ、ピッチャーを上向きに持ち、スチームノズルを時計回りの方向に回す。

◆ 解説

第1パラグラフは重要な段階の数を示し、機械の基本的な機能を説明しています。第2パラグラフは1つの工程の段階を、第3パラグラフは並行して進む工程について説明しています。第1工程は、‘first’（第1に）と付けられていますが、続いて起こる段階は数字を用いることなく説明されています。これは‘first’（第1に）、‘second’（第2に）、‘third’（第3に）、‘fourth’（第4に）と書くのは機械的に見え、また、2段階目では並行して起こる工程があるので、混乱を招きかねないからです。‘once’「いったん～すると」、‘now’「そうすると」、‘this time’「今回は」といったつなぎの表現で、話の流れをスムーズにしましょう。

役に立つ語句・表現

- □ emission：排出
  ☞ 物質が空気中に放たれること。動詞は emit（排出する）。
- □ froth：泡立てる　= foam；多くの小さな泡を作ること
- □ percolate：濾過（ろか）する
  ☞ 浸透性の物質、あるいは小さなたくさんの穴を通し、徐々にしみ出ること。
- □ pitcher：ピッチャー
  ☞ jug（水差し）の大きなもの。多くの場合、持ち手がある。

3. 出来事の前後

The diagrams below show part of a Welsh seaside town before and after development. （下の図は、あるウェールズの海岸の街で行われた開発の前後の様子を表している）

Summarise the information by selecting and reporting the main features, and make comparisons where relevant. （主な特徴を挙げて説明することで情報を要約し、関連する点を比較しなさい）

Write at least 150 words.（150 語以上で書きなさい）

Before（前）

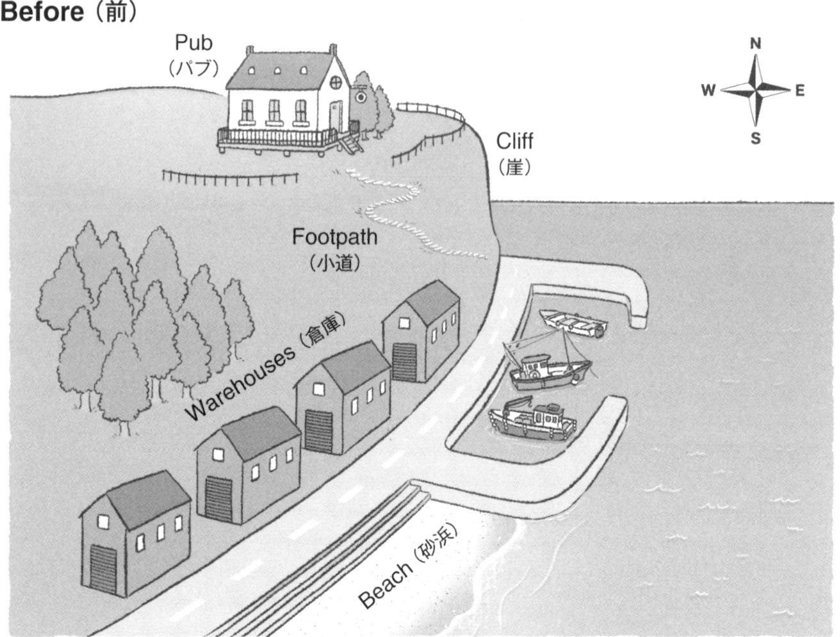

After（後）

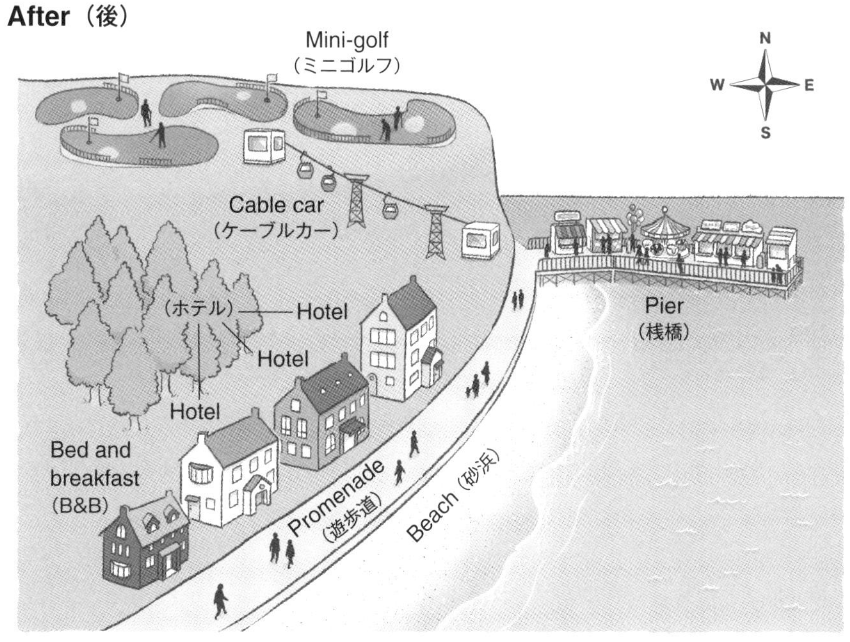

重要な傾向を把握する

‘before’（前）と ‘after’（後）のイラストを見比べ、変化した箇所を見つけましょう。‘after’ のイラストのほうが、いろいろな方面で発展が進んでいるように見えます。商業、観光業、教育、人口の伸びは、どう発展したのでしょうか。もし絵が込み入っているならば、どの変化が重要で、どれがそうでないか（詳しすぎるものか）判断しましょう。書くときには、‘before’ のスケッチについては過去時制を使うことを覚えていてください。‘after’ のスケッチについては現在形あるいは現在完了形を用い、過去のあるときから現在まで連続している時間を示しましょう。

準備メモ

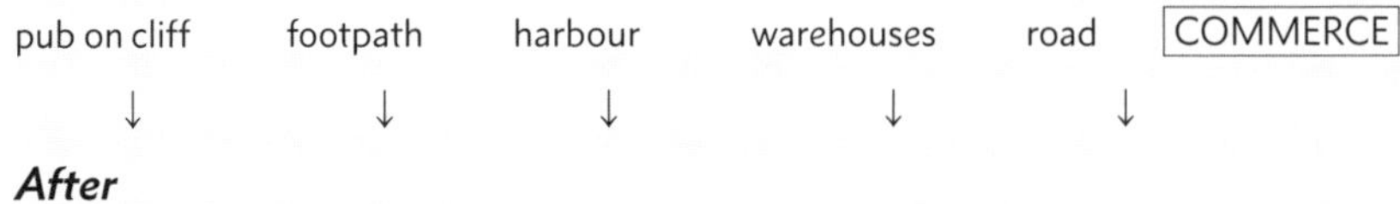

サンプルエッセイ

The two drawings illustrate the development of an area of a Welsh town by the sea comprising a cliff, shoreline and trees on the west side. The area used to be geared toward sea commerce but now its main purpose is leisure.

Previously, a pub stood near the edge of the cliff. Down by the shore, three ships floated in a harbour towards the north end and a beach extended towards the southwest. A road ran from the harbour towards the southwest. Four warehouses stood to the road's west side: two behind the harbour and two more behind the beach. A footpath ran from the pub to the north end of the harbour.

Today, the warehouses have been converted into or rebuilt as three hotels and one bed and breakfast on the south side. The road has been replaced by a promenade and the beach extended. The harbour has gone and in its place is a pier, which contains a funfair. The footpath has been replaced by a cable car. Finally, the pub has gone and the clifftop area now contains a mini-golf course.

(184 words)

サンプルエッセイ訳

これら2つのイラストは、崖、海岸線、そして西側には木々がある海沿いのウェールズ街の一部の開発を示している。この区域は、以前は海洋商業に合わせて調整されていたが、現在では主要な目的は娯楽となった。

以前は、崖の絶壁近くにパブが立っていた。海岸沿いに下ると、3 隻の船が浮かぶ港が北端に向かって伸び、南西に砂浜が広がっていた。港から南西に向かい道が走っていた。道の西側には倉庫が 4 棟、内 2 棟は港の後ろ、もう 2 棟は砂浜の後ろに立っていた。小道がパブから港の北端へと走っていた。

今では、倉庫は、ホテル 3 軒と南側の B&B（小規模ホテル）1 軒に変えられ、あるいは再建された。道路は遊歩道に取って代わられ、海岸は拡張した。港は消え、その場所には遊園地を含む桟橋ができた。小道はケーブルカーにとって代わられた。最後に、パブはなくなり崖の上には現在はミニゴルフのコースがある。

◆ 解説

第 1 パラグラフは 2 つのイラストについて述べ、重要な違いを指摘しています。第 2 パラグラフは 'before' のイラストについて、北から南へ少しずつ視点を移動させながら説明しています。第 3 パラグラフは変化した点を述べています。'previously'（以前は）や 'today'（今では）といった「時間」を表す表現と、'on the west side'（西側では）や 'to the north end'（北端へ）といった「方向」を示す表現の両方を使ったことにより、描写がスムーズに進んでいることに注目しましょう。

役に立つ語句・表現

☐ be geared toward ～：～向きである、～に合うように調整してある
cf. be oriented toward（［ある方向］へ向いている）/ be designed for（～用に設計されている）/ be aimed at（～を目的とする）

☐ convert：～を変換する、～を改装する
☞ ここでは「用途を変える」という意味。

☐ bed and breakfast / B&B：ベッドアンドブレックファスト
☞ 朝食が宿泊料に含まれる家族経営の小さな宿のこと。

☐ promenade：遊歩道
☞ 川や水域の近くにあり、人が歩ける長く開けた場所

タスク 2 の設問タイプ

あるトピックに関する意見、問題、または議論が提示され、意見を比較評価したり、問題の解決案を示したり、議論の内容を評価吟味したりすることが求められます。

1. 構想を練る

約 40 分でこのタスクに取り組みますが、書く前にきちんと構想を練ることが重要です。IELTS テストのライティングは手書きのため、いったん書き始めると、考えを変えたり、事前に考えていなかったことを加えたりするのが難しいからです。書き終わったら、タスク 1 同様、自分の書いたものに間違いがないか見直すようにしましょう。

2. 英語力をアピールする

最低語数の 250 語で良いスコアを取ることは可能ではありますが、自分の英語力をアピールするためにそれ以上書いたほうがいいでしょう。そうすれば、より高い点数を取ることができます。

3. 問われていることにきちんと答える

タスク 2 の設問に取り組むときに最も重要なことは、設問を慎重に読むことです。4 つの成績評価のうちの 1 つである「タスク回答度」で 6 の評価を得るためには、設問が要求する事柄すべてを取り上げる必要があります。重要な部分に下線を引くなどして漏れを防ぎましょう。

設問のタイプ

タスク 2 の主要なタイプは、以下の 3 つです。

1. 原因と解決策（Causes and solutions）
2. 意見表明（Propositions）
3. 主張（Arguments）

1. 原因と解決策

このタイプの設問は社会問題を提示し、書き手にそれについて論じ、大体の場合はその問題について解決策を提案することを求めます。
次の設問について考えてみましょう。

The major cities in the developing world are becoming more and more polluted. Why do you think this is happening? What can governments do about it?（発展途上国の主要な都市はますます汚染されてきている。なぜこのようなことが起きるのか？ 政府はこれに対し何ができるのか？）

この設問を、「なぜ都市は汚染されてきているのか、そしてそれに対して何ができるのか」と理解してしまうと不十分です。この設問で満点を取るためには、'major cities'（主要都市）と 'developing world'（発展途上国）という要素に焦点を向ける必要があります。こういった設問が要求しているポイントについて触れていない解答では良いスコアは期待できません。また、*What can governments do about it?* の質問に答えず、先進国での汚染問題を論じることに多くの時間をかけてしまうともダメです。設問は「発展途上国の主要な都市はますます汚染されてきている。なぜこのようなことが起きるのか？ 政府はこれに対し何ができるのか？」と聞いているので、それらすべてに答えるようにしましょう。

2. 意見表明

このタイプは、ある主張を示し、それに対しどれくらい賛成かを書き手に問うものです。
典型的な設問は以下のとおりです。

Due to the effects of global warming and the reduction of energy resources, governments should invest more money in alternative energies. To what extent do you agree or disagree with this opinion?（地球温暖化の影響とエネルギー資源の減少のために、政府は代替エネルギーに今よりも多くのお金を投資するべきだ。この意見にどの程度賛成、または反対か？）

設問は政府が代替エネルギーに投資すべき理由として、地球温暖化と資源が減少していることについて述べているので、これら2つの要素に必ず触れなければなりません。

さらに、'to what extent'（どの程度）という言葉は賛成、または反対の度合い、つまり全面的に、あるいは部分的に、賛成なのか反対なのかについて述べるように求めています。こういった設問では、必ずしも 'I partially [totally] agree / disagree with this statement'（この主張に部分的に［全面的に］賛成 / 反対する）と書かなければならないというわけではなく、「どれくらい賛成か反対か」が解答の中ではっきりと示されているのであれば、賛否の度合いを問う部分には答えているとみなされます。

3. 主張

このタイプは、ある問題とそれに対する2つの異なる解決策を提示し、どちらかを選ぶよう求めるものです。主張型設問のうち、どちらの解決策の方が良いか問うタイプもあれば、それぞれの解決策の利点と欠点を論じ、自分の意見を述べるよう求めるものもあります。設問には多くの型があります。

主張型設問のタイプの例は以下のとおりです。

In some countries healthcare is free but in other countries people have to pay for healthcare privately. Which do you believe is the best system?（医療は無償という国々がある一方、他の国々では、人々は個人で支払う必要がある。どちらの制度がよいと考えるか？）

この設問は両サイドを論じるようにはっきりとは求めていませんが、両方の立場を扱わないと、質問に完全に答えているとは評価されません。もし無償の医療が最善と思うならば、なぜ個人での医療費負担がそれに比べて劣るのか言わなければなりませんし、その逆もまた同様です。この設問は暗に両方の立場について述べることを求めているのです。ただし、おそらく自分が取る立場の側について、その反対側よりも多く書くことにはなるでしょう。

同じ質問は以下のように表現されることもあるでしょう。

Some people believe healthcare should be free but others think people should pay for healthcare privately. Discuss both these views and give your opinion.（医療は無償であるべきだと考える人々がいるが、個人で支払うべきだと考える人もいる。これらの双方の見方を論じ、意見を述べよ）

この設問は、同じような反応を求めていますが、それぞれの立場を広く論じることが必要です。

もう１つの典型的な質問タイプは以下の通りです。

The media is having an ever greater effect on our lives. Discuss the advantages and disadvantages of living in a media-rich society.（メディアは私たちの生活にこれまでにないほどの影響を与えている。メディアに富む社会に住む利点と欠点を論じよ）

この設問もまた両サイドを詳細に述べるよう求めていますが、このケースでは最終的にこの「メディア・リッチ」な傾向を認めるかどうか決める必要はありません。'rich' という言葉を誤って理解しないよう気をつけましょう。この設問を media is rich（メディアが多くのお金を持っている）の影響について問うものと誤って解釈しそうですが、実際は 'media-rich'（メディア・リッチ）という表現は、メディアが広く普及している社会のことを指しています。

それでは、これらのそれぞれの設問タイプのサンプルエッセイを見てみましょう。

1. 原因と解決策

> ***In many countries, people living in the developed world are becoming more and more obese.***（多くの国々で、先進国に住む人々はますます肥満になってきている）
>
> ***What do you think are the causes of this? What solutions can you suggest?***（この原因は何だと考えるか？ どのような解決策が提案

できるか？）

Give reasons for your answer and include any relevant examples from your own knowledge or experience.（自分の考えに対してその理由を示し、自分の知識や経験から適切な例を挙げなさい）

Write at least 250 words.（250 語以上で書きなさい）

設問をよく考える

この設問を「なぜ人々は肥満なのか、そしてそれに対して何ができるのか」と理解してしまうと設問にきちんと答えたことになりません。このような設問で高得点を取るためには、'the developed world'（先進国）と 'more and more'（ますます［これが増加傾向にある現象だということ］）という要素について触れる必要があるでしょう。もし、書き手がこれらのことについて触れずにいる、あるいはどちらか一方の質問の解答に多くの時間を使ってしまうと、設問とはあまり関係がないものになり、それが点数に悪影響を与えることになるでしょう。

また、設問が求めるものが 'cause<u>s</u>' や 'solution<u>s</u>' と複数形になっているので、2つ以上の原因や解決策を出す必要があります。

準備メモ

Causes: Lack of exercise—cars, staying indoors, "stranger danger"
Eat too much—eat out more, bigger portions, more sugar

Solutions: cycling, pedestrianisation (e.g. Amsterdam), food regulation

サンプルエッセイ

A couple of generations ago, slim people were everywhere and obesity was uncommon. Today, the rich world is facing a worsening obesity epidemic, and in some countries around half the population is obese. This has come about through lifestyle changes relating to exercise and diet.

In the past, we exercised more than we do today. Children and adults would walk or cycle to school and the workplace. Nowadays the car is king, and even university students drive to their places of study. As cars take over the cities in the developed world, it can become dangerous and unpleasant to venture out of the house. Another problem is that kids have begun to play video games indoors rather than getting themselves dirty in energetic play. The paranoia that has grown up around 'stranger danger' also plays its part in keeping kids indoors.

A further trend that has contributed to obesity is that we eat out more than we used to. As the developed world gets wealthier, we have come to eat whenever and whatever we want to. When we eat at a restaurant, we can't control the amount of sugar in the food. Portions are bigger, too, and 'supersized' meals with sugary drinks are now consumed with abandon.

I can think of three solutions to curb this phenomenon. First, we need to build an environment that helps us think positively about exercise. We can start by building cycle paths and promoting pedestrianisation in the cities. Amsterdam in the Netherlands is a good model of a city that is ideal both for cycling and walking. As for food, governments need to regulate the sugar content of food sold in supermarkets and restaurants. Finally, patients who visit the doctor with obesity-related diseases could be charged more for their treatment. Though harsh, this 'carrot and stick' approach should prove effective. Ultimately, we need to use up more calories than we consume.

(317 words)

サンプルエッセイ訳

2、3 世代前にはほっそりとした人々が至るところにいて、肥満は珍しいものだった。今日では、豊かな世界は悪化していく肥満という流行病に直面しており、人口の約半分が肥満であるという国もある。これは、運動と食生活に関する生活様式の変化がもたらしたものである。

かつて、私たちは現在よりも運動をしていた。子供や大人は歩いたり自転車に乗ったりして学校や職場へ向かった。今日では、車は重要であり、大学生でも勉強する場所へ運転していく。先進国の都市を車が乗っ取るにつれ、家の外へ思い切って出かけることは危険であり、また喜ばしいものではなくなる可能性がある。もう1つの問題は、子供たちが、活発な遊びの中でどろんこになるよりも屋内のビデオゲームで遊び始めたということである。大人を取り巻く「見知らぬ人は危険」という妄想もまた、子供たちを屋内にとどまらせる大きな役割を担っている。

肥満の要因となったさらなる動向は、以前よりも外食が増えたことだ。先進国が豊かになるにつれ、いつでも何でも好きなように食べるようになった。レストランで食べるとき、食事に含まれる砂糖の量を調節することはできない。また食事自体の量も増え、今ではたくさん砂糖が入った飲み物と特大サイズの食事が気ままに消費されている。

これらの現象を抑制するために3つの解決策を考えることができる。第1に、運動することを前向きに考えられる環境を築く必要がある。都市で自転車用の道路を造ったり、歩行者専用道路を推進することから始められる。オランダのアムステルダムは自転車と徒歩両方にとって理想的な都市としての良いモデルである。食品に関しては、政府はスーパーマーケットやレストランで売られる食品に含まれる糖分の量を規制する必要がある。最後に、肥満に関する病気で医者にかかる患者は、その治療のために、より多くの請求を受けることもある。厳しいかもしれないが、この「飴(あめ)と鞭(むち)」の取り組みが効果的であると証明されるだろう。結局は、摂取するよりも多くのカロリーを使う必要があるのだ。

◆ 解説

この解答は一般的な導入から始まり、1つの重要なポイントを絞ったうえで、2つの副次的な論題（生活様式の変化、運動と食生活）に分けています。第2パラグラフは運動不足の問題について、第3パラグラフは食生活の問題について詳しく述べています。最後のパラグラフは解決策を述べています。設問の「先進」（developed）国や肥満の増加（more and more = ますます）といった要素は、第1パラグラフで ‘the rich world’（豊かな世界）や ‘worsening’（悪化している）という言葉を用いて述べられています。

第2パラグラフは ‘in the past’（かつては）と ‘nowadays’（今日では）と、過去と現在を比べています。‘the car is king’（車は重要）や ‘stranger danger’（見知らぬ人は危険）といった慣用表現の使用に着目しましょう（また、この後に続くパラグラフでもさらに多くの慣用的表現があります）。バンドスコア6を超え、7やその上へ解答の出来を押し上げるためには、この種の自然な表現が必要になるのです。第3パラグラフは単純な構文と複雑な構文をあわせて使っています。最後のパラグラフは3つの解決策があるという意見で展開していき、それは ‘First’（第1に）、‘As for food’（食品に関しては）、そして ‘Finally’（最後に）という表現で発展していきます。このような表現は自然に読むことができ、‘First’（第1に）、‘Second’（第2に）、‘Third’（第3に）よりも機械的ではありません。

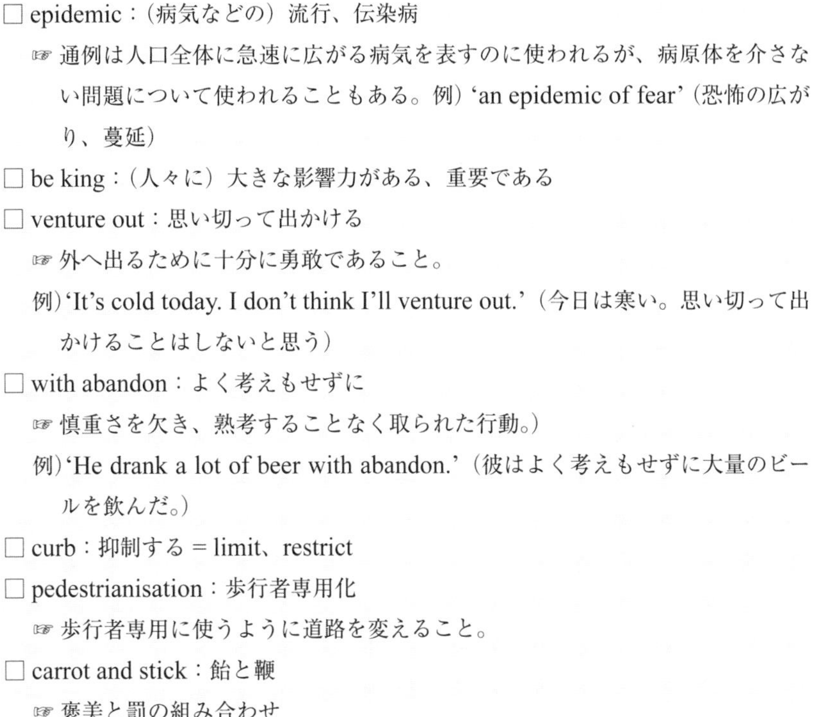

役に立つ語句・表現

□ epidemic：（病気などの）流行、伝染病

☞ 通例は人口全体に急速に広がる病気を表すのに使われるが、病原体を介さない問題について使われることもある。例）‘an epidemic of fear’（恐怖の広がり、蔓延）

□ be king：（人々に）大きな影響力がある、重要である

□ venture out：思い切って出かける

☞ 外へ出るために十分に勇敢であること。

例）‘It’s cold today. I don’t think I’ll venture out.’（今日は寒い。思い切って出かけることはしないと思う）

□ with abandon：よく考えもせずに

☞ 慎重さを欠き、熟考することなく取られた行動。）

例）‘He drank a lot of beer with abandon.’（彼はよく考えもせずに大量のビールを飲んだ。）

□ curb：抑制する = limit、restrict

□ pedestrianisation：歩行者専用化

☞ 歩行者専用に使うように道路を変えること。

□ carrot and stick：飴と鞭

☞ 褒美と罰の組み合わせ

2. 意見表明

Some people say it is unfair that top football players and other sports stars make huge sums of money while those working in professions like teaching or nursing make much less.（トップのサッカー選手や他のスポーツのスター選手は多額のお金を稼ぐ一方、教育する、あるいは看護するといった職業に従事する人々が稼ぐお金はずっと少ないというのは不公平だと言う人がいる）

To what extent do you agree or disagree with this opinion?（この意見にどの程度賛成または反対するか？）

Give reasons for your answer and include any relevant examples from your own knowledge or experience.（自分の考えに対してその理由を示し、自分の知識や経験から適切な例を挙げなさい）

Write at least 250 words.（250 語以上で書きなさい）

設問をよく考える

設問が要求する解答を十分なものにするには「他のスポーツのスター選手」についても忘れずに触れつつ、サッカー選手に関して公平性の概念を考えることが必要です。設問は 'professions like teaching or nursing' というように 'like'（～のような）を用いて職業の例を挙げています。これは職業が先生や看護師に限られたものではないということを意味します。また内容は、賛成または反対の程度を表すものでなければなりません。

準備メモ

	Skillful	Work hard	Behave well
Footballers etc.	○	×	×
Teachers etc.	○	○	○

→ NOT FAIR but payment depends not on fairness but on market (scarcity value)

Cf. footballers / CEOs – both scarce

Teachers etc. – not scarce

●サンプルエッセイ

Top footballers make obscene amounts of money. Chrstiano Ronaldo, who recently won an award as the world's best footballer, makes more than 15 million pounds a year, but even the lowest-paid players in the top leagues make more than 1 million pounds annually. Baseball and basketball players are similarly compensated. Despite their high salaries, sports stars have plenty of free time, and they often behave badly in nightclubs as they enjoy it. Meanwhile teachers, nurses, train drivers and farmers may be equally skillful in their respective professions while working harder and behaving better. Do top footballers deserve to be so rich? Of course not! It is unfair, but then top footballers and other sports stars are not paid according to the criterion of fairness. They are paid because of their scarcity value.

Top footballers are valuable because of their ability to turn a game around. A truly great player can make the difference between winning and losing a match, and that affects the team's bottom line. A top team that qualifies to play in the European Champion's League or its equivalent on other continents needs to win almost every game it plays. If it loses just a few points it can miss out on television rights that are worth millions, so it pays its players top dollar to ensure a good result. In this sense, top footballers are like corporate CEOs whose performance can mean the difference between a company's success or failure.

As for teachers or nurses, although they may be equally skillful, a single teacher or nurse will not make or break a school or hospital. There are thousands of good teachers and nurses, and since they do not have the same scarcity value, they receive less money. In conclusion, I agree it is unfair that top footballers get paid so much, but the concept of fairness is irrelevant in the marketplace.

(314 words)

サンプルエッセイ訳

トップのサッカー選手は鼻持ちならないほど多くのお金を稼ぐ。最近、世界最高サッカー選手賞を受賞したクリスティアーノ・ロナウドは1年に1500万ポンド以上稼ぎ、トップリーグの最も給料の低い選手でさえも年間100万ポンド以上稼ぐ。野球やバスケットボール選手も同じくらい報酬を受け取っている。高い給料にもかかわらず、自由になる時間が多くあり、ナイトクラブを楽しむうちにそこで好ましくない行いをすることもしばしばある。一方、教師、看護師、車掌、そして農作業者は、それぞれの職業において同じように熟練しており、（スポーツ選手よりも）熱心に働き、良い行いをしている。トップのサッカー選手はそのように金持ちになる価値があるのだろうか。もちろん違う。それは公平ではないが、トップのサッカー選手や他のスポーツのスター選手は公平性の基準に照らし合わせ報酬を受けているわけではない。その希少価値に対しての報酬を受けているのだ。

トップのサッカー選手は、試合の結果を変える能力があるので貴重である。非常に素晴らしい選手は、試合の勝敗を決める重要な局面を作ることができ、それはチームの最終的な収益に影響する。ヨーロッパや他大陸の同じようなチャンピオンリーグで戦う資格のあるトップチームは、ほぼすべての試合で勝つことが必要である。わずかに失点するだけでも、数百万の価値のあるテレビの放映権を失うことになりかねないので、良い結果を確固たるものにするために、最高額のお金を選手に払うのだ。この意味では、トップのサッカー選手は、その行いが会社の成功や失敗を司る社長のようなものだ。

教師や看護師に関しては、同じように熟練しているかもしれないが、1人の教師や看護師が学校や病院の成功を左右するわけではない。何千という良い教師や看護師がおり、そこに同じ希少価値はないので受け取るお金は少なくなる。結論としては、トップのサッカー選手がかなり多く支払われるのは不公平だということに賛成はするが、市場においては公平性という概念は無関係である。

◆ 解説

サンプルエッセイは「他のスポーツのスター選手」について述べることも忘れず、「サッカー選手が比較的緩い労働環境にいて、かつよく悪い行いをするにもかかわらず、多額を稼ぐこと」と「普通の仕事に就く人々が厳しい仕事と良い行いをするにもかかわらず、稼ぐ額は少ない」という対比により場面を設定しています。公平性への疑問に対し、感情的な 'Of course not!' という強調表現を使うことで、書き手がその問題に対し強く反対していることをはっきり示しています。また、多くの人々が知っている簡単な数値を挙げて要点を強調しています。このような統計を含むことは解答に説得力を与えますが、やりすぎないようにしましょう。明らかに虚偽の数字（例：'A survey by the Japanese government showed that 62% of people think footballers are paid too much.'「日本政府によるアンケート調査の示すところでは62%の人々がサッカー選手は多くもらいすぎていると考えている」）はスコアを上げる助けにはなりません。

第2パラグラフは、サッカーチームはある種の会社であり、スター選手は教師というよりは会社の社長と比べられるべきだと述べて、トップサッカー選手が高額の報酬を受ける理由を説明しています。最後のパラグラフでは、教育する、看護するという職業に対し、同じく希少性の概念をあてはめています。そのうえで、最後に公平性というポイントに戻り、文章をまとめています。サンプルエッセイは、ロナウドの給料やチャンピオンリーグの典型的なチームの状況についての具体例とともに進んでいきます。

役に立つ語句・表現

□ obscene：不公平なほど量の多い
　☞ 卑猥な、不快なという意味もある

□ compensate：（報酬を）支払う
　☞「労働に対してお金が支払われる」こと

□ scarcity：希少
　☞ 供給不足であること

□ bottom line：収益
　☞ 会社の利益あるいは損失のこと

□ top dollar：最高金額
　☞ ここでは「非常に高い価格や賃金」

□ make or break ～：～の成否を左右する、～の成功や失敗の結果を決める

3. 主張

> ***Some people say that the development of computers and the Internet means that we can work from home, and there is no longer any need to work in an office. Others say that people cannot work properly from home.***（コンピューターとインターネットの進化により家で働くことができるようになり、もはや職場で働く必要はなくなったという人がいる。家ではきちんと働くことができないという人もいる）
>
> ***Discuss both these views and give your opinion.***（これらの両方の見方を論じ、自分の意見を述べよ）

Give reasons for your answer and include any relevant examples from your own knowledge or experience.（自分の考えに対してその理由を示し、自分の知識や経験から適切な例を挙げなさい）
Write at least 250 words.（250 語以上で書きなさい）

設問をよく考える

設問が要求する十分な解答にするにはコンピューターやインターネットという要素に触れたうえで、以下の両方の立場について、詳しく述べる必要があります。

1. 家で働くことができるのでオフィスで働く必要がない
2. 在宅勤務は非効率である

在宅勤務の否定的な点を見ることなく、「もはやオフィスで働く必要がない」とただ賛成するだけでは質問に部分的に答えたことにしかなりません。

Working from home

+ no commute

+ no chatting

- distractions like TV

- isolation

- miss meeting

→ Compromise: Attend office sometimes for meetings and information

●サンプルエッセイ

The image of the telecommute is an attractive one. Thanks to our PC and an Internet connection, we can sit down at our desks in our pyjamas and tap away on the computer while we eat breakfast. We don't have to waste time travelling to and from the office, and as long as we put in enough hours we are free to start, finish and take breaks whenever we want. What's not to like? Maybe this image is a little too rosy, but I think that telecommuting, if done properly, can save us a lot of time.

The traditional working day lasts from 9.00 a.m. to 5.00 p.m. but that does not include travel time, which can add more than an hour to each working day. Offices are places where people waste time chatting and attending boring meetings. I work part-time at a publishing company, and the days when I go into the office are far less productive than the ones I spend working at home. The downside of telecommuting is that workers can feel isolated and begin to slack off through the distractions of TV. You need a strong will to work effectively. Further, the boring meetings that the telecommuter misses are often necessary. Even the chatting that takes place by the coffee machine is a means of exchanging information. It seems that we cannot do away with the need to go to the office after all.

I propose a compromise. I think companies would be more productive if their workers spent most of the time at home while commuting to the office, say, once or twice a week to attend meetings and exchange information. Of course, for some workers, especially those involved in manual labour, telecommuting can never be an option, but for many it can be a way to avoid the drudgery of the daily commute and become more productive. A compromise like this would ensure that the company and its workers enjoy the best of both worlds.

(331 words)

● サンプルエッセイ訳

在宅勤務のイメージは魅力的だ。パソコンとインターネット接続のおかげで、朝食を食べながらパジャマのまま机に座り、コンピューターのキーボードをたたくことができる。オフィスに行ったりそこから帰ってきたりするといった移動に時間を無駄にすることなく、十分な時間を使うのであれば、好きな時間に始めて好きな時間に終え、好きな時間に休憩を取ることができる。好ましくないことなどあるだろうか。このイメージは少し楽観的すぎるかもしれないが、在宅勤務はきちんと行われるならば、多くの時間を節約することができるものだ。

従来の就業日は午前9時から午後5時まで続くのだが、これに移動時間は含まれていない。それぞれの就業日に1時間以上の移動時間が可算されうるはずだ。オフィスは人々がつまらない会議に出席し、おしゃべりに時間を無駄にする場所である。私は出版社でアルバイトをしているが、オフィスに行く日は家で働く日よりもはるかに生産性が落ちる。在宅勤務の欠点は、働く人は孤独を感じること、またテレビで気が散ってダラダラし始めたりすることだ。効率よく働くには強い意志が必要なのだ。さらに、在宅勤務者が出席しないつまらない会議は、時に必要なものだ。コーヒー機の隣で交わされるおしゃべりでさえも、情報交換の手段である。結局は、オフィスに行く必要から逃れることはできないように感じる。

私は折衷案を提案する。従業員がほとんどの時間を在宅で過ごし、例えば週に1～2回会議に出たり情報交換したりするためにオフィスに通うとすれば、会社は生産的になると私は考える。もちろん、従業員の中で、特に単純労働に携わる人には、在宅勤務というのは決して選択肢にはならないが、多くの人々にとっては日常の通勤という苦役を避け、生産性を上げる1つの方法になりうる。このような折衷案によって、会社と従業員双方は、必ず最良の結果を手にするだろう。

◆ 解説

第1パラグラフは理想的な在宅勤務の場面を描写し、家で働くことの主な長所を並べています。第2パラグラフは在宅勤務の欠点について触れる一方、オフィスで働くことのプラス面とマイナス面を見ています。最後のパラグラフは折衷案という形で解決策を提案しています。設問ははっきりとは解決策を求めていませんが、書き手の意見は求められているので、最終パラグラフはその意見を示しています。このサンプルエッセイの特徴は、書き手は自分のその価値判断を興味深い方法で紹介している点です。在宅勤務者の心地よいイメージが「パジャマで働く」という描写によって想像することができます。また、オフィスはおしゃべりや、つまらない会議が起こる場所として描かれています。これらの描写によって、このエッセイは、中立的な見方を示す表現として、論理的でありつつも機械的なものにはならず、完成度を高められています。構成として、このサンプルエッセイは ‘I think ...’（思うに）、‘The downside is ...’（欠点は）、‘I propose ...’（提案する）といった表現で進んでいます。

役に立つ語句・表現

□ put in：時間・労力などを費やす

□ What’s not to like?：好ましくないことなどあるだろうか？

☞「すべての局面が確かに肯定的である」ことを示す表現。

□ rosy：（比喩的に用いて）楽観的な

□ productive：生産的な

☞ 熱心に働き、良い結果に到達すること。

□ slack off：ダラダラする

☞ 怠惰、あるいは非効率になること。

□ drudgery：苦役；骨折り仕事

☞ つらく、つまらない仕事を指す。

第2章

ライティングセクション問題演習

Exercise 01 

You should spend about 20 minutes on this task.

The graph below shows the percentage of total sales at a UK electronics store for four different categories between 1990 and 2010.

Summarise the information by selecting and reporting the main features, and make comparisons where relevant.

Write at least 150 words.

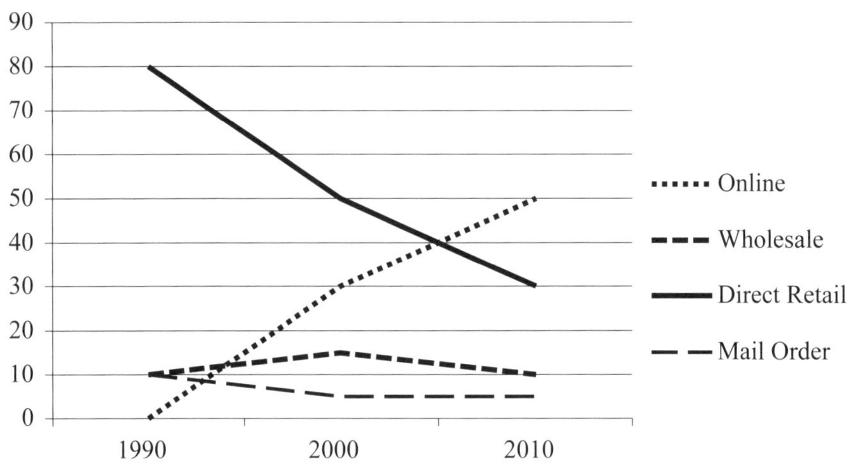

NO TEST MATERIAL ON THIS PAGE

Exercise 01　折れ線グラフ　解答解説

設問訳

このタスクは約 20 分で完成させなさい。

> 下のグラフは、あるイギリスの電化製品販売店における、1990 年から 2010 年の間の、4 つの異なる項目の総売り上げに対する割合を示したものである。
>
> 主な特徴を挙げて説明することで情報を要約し、関連する点を比較しなさい。

150 語以上で書きなさい。

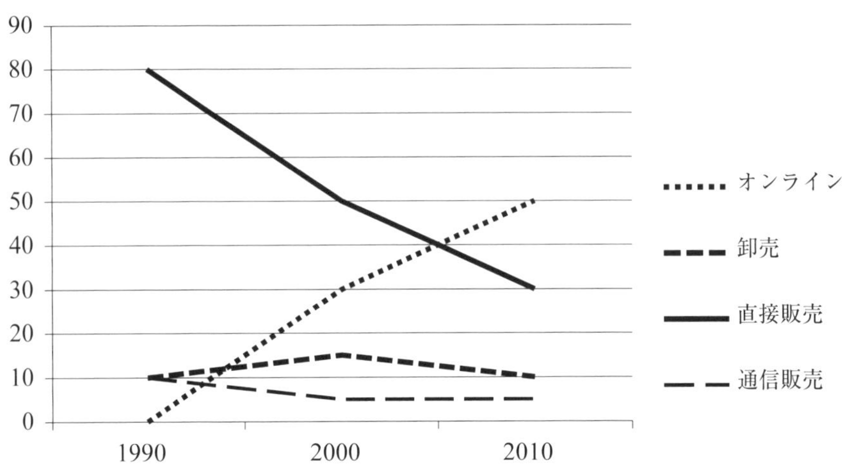

準備

書き始める前に、2、3 分かけて、自分の考えをまとめる。このときは、文法的に正しいかどうかは考えなくてもよい。メモの取り方は人それぞれ、自分のスタイルがあるだろう。日本語の文字を使ってもかまわない。以下のメモから 3 つのパラグラフのエッセイに広げることができる。

 メモ

% total sales @ UK electr. store / 30-yr period. 4 categories

1 online & direct retail → 大 change (opposite trends)

2 wholesale/mail order → 小 change (opposite trends)

1) direct 80% → 30% (most pop. → no. 2)

online 0% → 50% (no. 4 → No. 1)

2) wholesale 10% → 15% → 10%

mail order 10% → 5% → 5%

サンプルエッセイ

The graph indicates the share of total sales for four different sales methods at a UK electronics store over a 20-year period. Online and direct retail methods saw the greatest change while the wholesale and mail order methods saw relatively little change. Both online and direct retail on the one hand and wholesale and mail order on the other displayed opposite trends.

In 1990, direct retail sales accounted for 80% of all sales before declining rapidly to 50% in 2000 and finally to 30% in 2010. In contrast, online sales have boomed. In 1990, there were no online sales, but 10 years later they represented 30% of total sales. By 2010, they were the most popular of the four methods, comprising 50% of the total.

Meanwhile wholesale and mail order both comprised 10% of total sales in 1990. Wholesale rose to 15% in 2000 before dropping back to 10% in 2010. Mail order fell to 5% of total sales in 2000 and remained at that level for the next decade.

(170 words)

サンプルエッセイ訳

このグラフは、とあるイギリスの電化製品販売店の、20年間にわたる総売り上げ

高に対する4つの異なる販売方法の割合を指し示している。オンラインと直接販売が著しく変化する一方で、卸売と通信販売は比較的変化が少なかった。一方ではオンラインと直接販売、他方では卸売と通信販売は、互いに相反する傾向を見せた。

1990年には直接販売が総売り上げの80%を占めており、その後、急速に低下し、2000年には50%、最終的に2010年には30%になった。対照的に、オンラインの売り上げは急上昇した。1990年にはオンライン販売は存在しなかったが、10年後、総売り上げ高の30%にもなった。2010年までには、全体の50%を占め、4つの方法のうち最も人気となった。

一方、卸売と通信販売は双方とも、1990年には総売り上げ高に対し10%の割合だった。卸売は2000年に15%にまで上がり、その後2010年に10%まで落ちた。通信販売は2000年には総売り上げ高の5%にまで下落し、続く10年間は同じ水準を保った。

◆ 解説

一番初めの文章は設問を言い換えたうえで、重要な傾向を指し示している。同じ表現を繰り返すのを避け、設問中の'between 1990 and 2010'(1990年と2010年の間)を、エッセイでは'over a 20-year period'(20年の間に)としている。第2パラグラフは直接販売とオンラインの売り上げについて、'in contrast'「対照的に」という表現を使い、これらの項目が反対の経緯をたどったことを示しつつ、始点(1990年)、中間地点(2000年)、最終点(2010年)における状況を詳しく述べている。第3パラグラフは他の2つの項目について述べている。また、第2、第3パラグラフでは重要な数値が挙げられている。

役に立つ語句・表現

□ on the one hand ... on the other (hand):一方では…他方では～

☞ 2つの傾向や項目を比較する際に役立つ表現。

□ in contrast:対照的に

☞ 2つの相反するものを比較するときに使う正しい表現。この表現の代わりに'on the contrary'(それどころか)を使う人がいるが、それは間違い。'on the contrary' は 'different to what is generally believed.'（一般的に信じられていることと異なる）という特別な事柄について表すために用いられる。例）'Some people think eggs are bad for you; on the contrary, they are good for you.'（卵は身体に悪いと考える人もいる。それどころか、〈実際には〉卵は身体にいいのだ）

□ comprise：構成する　= make up、consist of

□ meanwhile：一方

☞ 'at the same time'（同時に）を表すこともあるが、「一方」に似たニュアンスもある。例）'In Tokyo, it was sunny. Meanwhile, in London, it was cloudy.'（東京では晴れでした。その一方で、ロンドンは曇りでした）

Exercise 02

① TASK 2

You should spend about 40 minutes on this task.

Write about the following topic:

> ***The amount of time that family members spend interacting with one another has been declining in recent years.***
>
> ***What do you think is responsible for this trend and how could it be reversed?***

Give reasons for your answer and include any relevant examples from your own knowledge or experience.

Write at least 250 words.

NO TEST MATERIAL ON THIS PAGE

Exercise 02　原因と解決策　解答解説

設問訳

このタスクは約40分で完成させなさい。
次のトピックについて書きなさい。

> 近年、家族間でのふれあいの時間が減ってきている。
>
> この傾向を生み出しているのは何か、また逆転させるにはどうすればよいか？

自分の考えに対してその理由を示し、自分の知識や経験から適切な例を挙げなさい。
250語以上で書きなさい。

準備

まず、問題文をしっかり見て十分に理解すること。問題文は家族間でふれ合う時間がなくなっているということを事実として述べ、その上で2つのポイント（この傾向の理由と、逆転させる方法）について述べるよう求めている。これらのポイントには必ず触れなければならない。一方にしか触れなかった場合は減点される。ここでも、書く前に2、3分かけて、考えをまとめよう。メモの一例は次のようなものである。

 メモ

families: do things together ↓
→ **reasons**　1) widespread electronic devices　2) busy schedules
1) devices like tablets, gaming devices everywhere → internet
　Youngsters interact w/ each other thru texting & social media
　→ interact less with those around them & isolate from family
2) Longer working hrs + working parents + after-school activities
　→ family time ↓

Solutions

Family must make an effort

1) Schedule family-only time e.g. meals

2) Limit use of electronic devices

* 結論はメモには出てこないことに注目。結論の段落はエッセイの内容をうまくまとめたり、未来に対する深い考えを示したりすることがしばしばある。多くの場合、それはエッセイにとって重要ではない。

● サンプルエッセイ

Families are certainly doing fewer things together these days than they used to. The reasons for this trend vary, but ubiquitous electronic devices and busy individual schedules play a big part.

In recent years, electronic gadgets such as tablet computers and gaming devices have become widespread, and all of them connect up to the Internet. Younger members of the family love what the devices have to offer, and quickly become hooked. They stay in contact with their friends all the time through texting and social media sites, but interact less with those around them. Despite being physically present in the home, these young people may be mentally absent, and are isolating themselves from their families.

The other factor has to do with the busy schedules that parents and children alike live by in today's society. Nowadays both parents often work long hours, and this phenomenon, combined with endless after-school activities, is taking its toll on the ability of families to spend quality time together. The home can become like a station that members pass through as they dash off to their next appointment.

To reverse this trend, families must make a concerted effort. First, they need to schedule a specific block of time for family-only activities. Even something as simple as a regular family meal can be a big help. Next, they need to agree on rules setting limits on the use of electronic devices in the home. Implementing these changes may be an uphill battle, but it will be worth it in the long run.

(256 words)

サンプルエッセイ訳

確かに最近は、家族が一緒に何かやることは以前に比べて少なくなった。この傾向の理由はさまざまだが、至るところにある電子機器と、個人のスケジュールが忙しいことが大きい。

昨今では、タブレット型コンピューターやゲーム機器のように新たな電子機器が普及し、それらすべてがインターネットにつながっている。家族のうち若いメンバーはこれらの機器が与えてくれるものを愛し、すぐに病みつきになる。携帯メールやソーシャルメディアを通じ、友達とは常につながっている状態であるが、自身の周りにいる人とはあまりふれ合わなくなる。これらの若い人々は、身体は家にいても心にはそこにないのかもしれない。そして家族から自らを孤立させているのだ。

もう１つの要因は、今日の社会で親も子も同様に忙しいスケジュールで生活しているという点に関係がある。このごろでは、両親ともに長時間働いており、そしてこの現象が非常に長い課外活動と合わさり、充実した時間をともに過ごすという家族の力を損なっている。家は、家族のメンバーが次の約束へ急いで向かうために通過する、駅のようなものになっている。

この傾向を逆転させるためには、家族が一致団結し努力しなければならない。まず、家族だけでの活動のために、特定の時間枠を予定として決める必要がある。定期的に家族で食事を取るような単純なことでさえも、状況を大きく変えられる。次に、家で電子機器を使うことを制限することに家族自身が同意しなければならない。これらの改善策を実行することは苦しい戦いのようかもしれないが、長い目で見るとその価値はあるはずである。

◆ 解説

書き出しの段落は過去と現在を比較し、ふれ合いが減った重要な理由を述べている。これらの理由は第2、第3パラグラフへと広がっていき、それぞれ電子機器の影響と多忙なスケジュールについて述べている。第4パラグラフは解決策を述べている。それぞれの段落が、パラグラフにおける要点を示す、結論的文章で締めくくられていることに注目しよう。第2パラグラフは家族1人1人が孤立していること、第3パラグラフは家が駅のようになっていること、第4パラグラフはこれらの改善策を実行することがどれくらい効果的かを述べている。このエッセイは 'first..., second..., third...'（第1に…、第2に…、第3に…）といった決まりきった表現を避けていることに注目したい。その代わりに 'in recent years,'（最近では）、'the other factor,'（もう1つの要因は）、そして 'to reverse this trend,'（この傾向を逆にするには）を使っている。

役に立つ語句・表現

□ ubiquitous：至るところにある cf. appearing everywhere（至るところに現れる）

□ endless：終わりのない
cf. continuous（途切れのない）、a great amount of（膨大な量の）
☞ 'many'（たくさんの）や 'a lot of'（多くの）といった頻繁に使用される表現の代わりに、'hundreds of'（何百という）や 'a huge amount of'（多量の）といった幅のある言葉を使い、文章に多様性を持たせるのが評価されるポイント。

□ take its toll：損なう、悪影響がある
cf. have an adverse effect（有害な影響がある）、cause harm or damage（損害を与える）

□ quality time: 良質な時間
☞ ここでは、親しい家族、パートナー、友達との、価値があり貴重な時間のこと。家族と一緒にいたとしてもTVを観るなど、無駄に使われる時間と対照をなす。

□ make a concerted effort：一致団結し努力する
cf. people work together to achieve an aim（目標を達成するためにともに働く）

□ be worth it: その価値がある
☞ 努力が必要なものだが、良い結果が得られるものを示す際に使われる。

Exercise 03 

You should spend about 20 minutes on this task.

The pie charts below show the changes in annual spending for a family that moved from London to Birmingham.

Summarise the information by selecting and reporting the main features, and make comparisons where relevant.

Write at least 150 words.

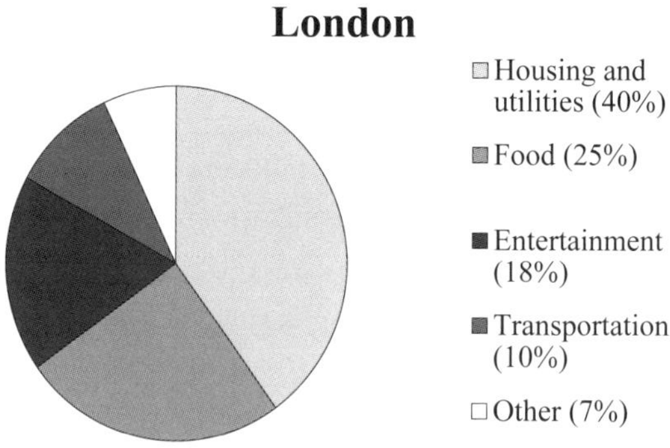

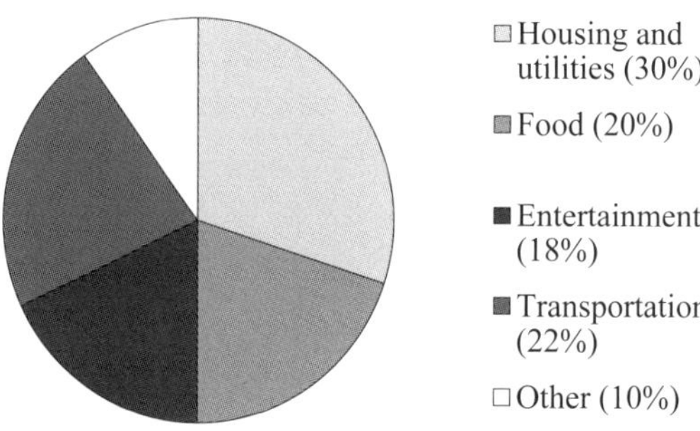

NO TEST MATERIAL ON THIS PAGE

Exercise 03　円グラフ　解答解説

設問訳

このタスクは約 20 分で完成させなさい。

> 下の円グラフはロンドンからバーミンガムに転居したある家庭の年間支出の変化を表している。
>
> 主な特徴を挙げて説明することで情報を要約し、関連する点を比較しなさい。

150 語以上で書きなさい。

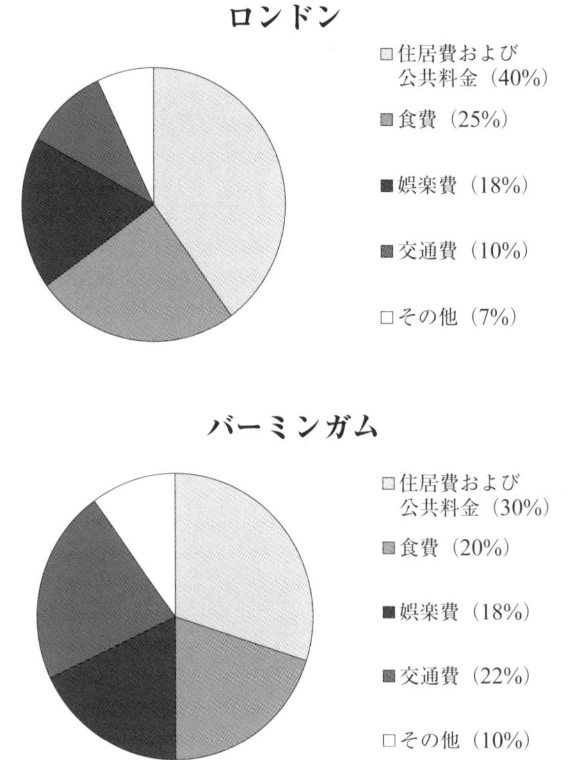

準備

書き始める前に、2、3 分かけて、自分の考えをまとめよう。これら 2 つの円グラフを一瞥して比べてみると、次のような点が浮かんでくる。

two categories ↑ / two others ↓ / one category the same

London →	Birmingham	
Housing / utilities	40% → 30%	Fell by a quarter
Food	25% → 20%	Fell by one-fifth
Entertainment	No change	
Transport	10% → 22%	More than doubled
Other	7% → 10%	Rose by almost a half

サンプルエッセイ

The charts illustrate a family's annual expenditure before and after moving from London to Birmingham. Spending rose for two categories and fell for two others. For one further category, spending remained the same.

For both locations, housing and utilities represented the greatest cost, taking up 40% and 30% of the budget in London and Birmingham, respectively. Food was also a considerable expense, taking up 25% of the family budget in London and 20% in Birmingham. However, it did drop from the second largest expense in London to the third largest in Birmingham.

Entertainment stayed at 18% for both locations, but fell from the third greatest expense in London to the fourth in Birmingham. Transportation saw the biggest change, rising from a 10% in London to a much more significant 22% in Birmingham. The 'Other' category took up 7% of the budget in London and 10% in Birmingham.

Overall, the family moving from the capital to Birmingham reduced spending on housing and utilities by one-quarter and on food by one-fifth. Entertainment spending was unchanged. Finally, spending on transport almost doubled while spending on 'Other' rose by a little less than one-half.

(190 words)

● サンプルエッセイ訳

この図は、ロンドンからバーミンガムへの転居前後のある家庭の年間支出額を表している。2つの項目では支出が増え、他の2つでは減った。もう1つの項目の支出は同じままだった。

どちらの場所においても、住居費と公共料金が最大の費用となり、それぞれロンドンで40%、バーミンガムで30%を占めた。食費もまた、ロンドンでは家計の25%、バーミンガムでは20%を占める、かなりの出費であった。しかしながら、ロンドンでは2番目に大きな出費だった食費は、バーミンガムでは3番目に下降した。

娯楽費はどちらの土地においても18%にとどまったが、ロンドンでの3番手からバーミンガムでは4番手に下がった。交通費で最も大きな変化が起こり、ロンドンでの10%からバーミンガムではかなり大きな22%へと上昇した。「その他」の項目はロンドンでの予算の7%、バーミンガムでは10%を占めた。

全体的に見ると、首都からバーミンガムに転居したこの家族は住居費と公共サービスが4分の1減、食費は5分の1減となった。娯楽費に変化はなかった。最後に、交通費はほぼ2倍になり、一方、「その他」の出費は2分の1より若干少ない伸びとなった。

◆ 解説

第1文は設問を別の言葉で言い換えたうえで、重要な傾向を指し示している。設問で使われた動詞 'show'（表す）は、答えでは 'illustrate'（描写する）となっていることに注目したい。第2パラグラフは家庭の支出が減った2つのカテゴリーを、第3パラグラフは家庭の支出が増えた2つの項目について簡潔に述べている。最終パラグラフは、'one-quarter'（4分の1）や'one-fifth'（5分の1）という分数をパーセンテージの代わりに使い、重要な傾向を詳しく述べている。

役に立つ語句・表現

□ respectively：それぞれ

☞ 2つのものを比較するときに用いる。例）'Tokyo and Osaka are Japan's biggest and second-biggest cities, respectively.'（東京と大阪は、それぞれ日本で最大の都市と二番目に大きな都市です）

□ considerable：かなりの

☞ 'significant'（重大な）の言い換えとして用いられる。

□ overall：概して

☞ 要約する時に役立つ言葉。'to sum up'（まとめると）は同様の意味を持つ別の表現。

□ one-quarter / one-fifth / double / one-half：4分の1 / 5分の1 / 2倍になる / 2分の1

☞ 英語では表現に変化をつけることが大切。分数はパーセンテージの代わりに使われる。

Exercise 04 ② TASK 2

You should spend about 40 minutes on this task.

Write about the following topic:

> ***Increasing taxes on alcohol and cigarettes is the best way to deal with people's addiction to these items.***
>
> ***To what extent do you agree or disagree?***

Give reasons for your answer and include any relevant examples from your own knowledge or experience.

Write at least 250 words.

NO TEST MATERIAL ON THIS PAGE

Exercise 04　意見表明　解答解説

設問訳

このタスクは約 40 分で完成させなさい。
次のトピックについて書きなさい。

> アルコールやタバコへの増税が、これらの品に対する中毒と取り組む最善の方法である。
>
> これにどの程度賛成、または反対か？

自分の考えに対してその理由を示し、自分の知識や経験から適切な例を挙げなさい。
250 語以上で書きなさい。

準備

問題文をしっかり読み、十分に理解すること。問題は 'to what extent'（どの程度）賛成か反対かを聞いている。エッセイには 'totally'（完全に）'strongly'（強く）または 'to some extent'（ある程度は）といった言葉を使うことができる。ここでも、書く前に 2、3 分かけて、考えをまとめよう。メモとして描かれたマインドマップはその一例となる。

 メモ

× → comprehensive approach
- taxes ↑ only → ×
1
- turn to other substances: soft drugs
- poor × pay but rich ◯ = unfair
2
- taxes + counselling + treatment
→ remove cause of stress
- more effective in the long term

● サンプルエッセイ

Smoking and drinking heavily can endanger health, and many people struggle to break free from these addictions. Increasing taxes on these items would have a deterrent effect, but this measure should only be part of a comprehensive approach to helping people end bad habits.

Raising taxes on alcohol and cigarettes would put these items outside the price range of many lower-income individuals, forcing them to limit their consumption. However, since many people drink and smoke as a coping mechanism for dealing with stress, cutting off the supply of alcohol and tobacco would not address the root cause of the problem, and people might turn to other substances, such as soft drugs, to satisfy their cravings. Heavier taxes on alcohol and cigarettes would also be unfair, as they would hit poor people hard while rich individuals would continue to drink and smoke. Thus raising taxes on alcohol and cigarettes would have a limited effect.

Effective measures need to address the underlying mechanisms associated with addiction. I think governments should get involved in this situation by raising taxes, but they should also provide tax-subsidised counselling and treatment programmes for these addictions. The programmes could help people to change their lifestyles and develop strategies to stop smoking and drinking. Many people want to break their habit but cannot afford to pay for the treatment. Some of the money that comes from the increased taxes on alcohol and cigarettes could be used to pay for this type of programmes. This combined approach would have a much greater chance of long-term success than would a simple tax increase.

(263 words)

● サンプルエッセイ訳

度を過ぎた喫煙や飲酒は健康を脅かし、これらの中毒から抜け出そうともがく人も多い。これらの品目への増税は抑止効果をもたらすものではあるが、これは人々が悪い習慣を止めるのを助ける、包括的アプローチの一部の策にすぎない。

アルコールやタバコの税を引き上げれば、これらは多くの低所得者層には手が届かない価格帯となり、消費量を抑えざるをえなくなる。しかしながら、多くの人々はストレスと折り合いをつけるための対処法として飲んだり吸ったりするので、アルコールやタバコの供給を断つことは問題の根本の原因に取り組むことにはならず、人々は自らの欲求を満たすために、次はソフトドラッグといった他の物質に頼るようになるかもしれない。アルコールやタバコへの税を重くすることはまた、貧しい人々に大打撃を与える一方で、富裕者は飲酒喫煙を続けられるという点で、不公平だと言える。このように、アルコールやタバコの増税は、限られた効果しかもたらさないだろう。

効果的な対策は、中毒と関連する根底にあるメカニズムに取り組むものである必要がある。思うに、政府が増税によりこの状況に携わっていかなくてはならない。だが、これらの中毒に対するカウンセリングや治療プログラムに対して、税から補助金を出すべきだ。これらのプログラムで、人々は、ライフスタイルを変え、禁煙、禁酒への戦略を練ることができるだろう。多くの人々は習慣を断ちたいと思っているが、治療にお金を払う余裕がないのだ。アルコールやタバコの増税から生まれるお金のうち、いくらかをこの種のプログラムに充て支払うこともできるだろう。単なる増税よりも、この複合的なアプローチのほうが、長期的な成果が得られる可能性がずっと高いだろう。

◆ 解説

第１パラグラフは、書き手が問われている内容にどの程度賛成、または反対かを明確にしている。書き手の立場は、増税は限られた効果はあるが、より幅広い対策が必要であるということだ。第２パラグラフはアルコールやタバコの増税効果を２つの観点から見ている。第３パラグラフは、他の対策を提案したうえで、自らの意見をはっきり述べている。このエッセイには3つのパラグラフしかなく、TOEFLで使われる通例5パラグラフからなるエッセイに慣れている人は、3パラグラフでは少ないと感じるかもしれない。しかしながら、このタスクにおいて、問題に完全に答えるには3パラグラフで十分だ。

役に立つ語句・表現

□ deterrent：抑止的な

☞ 名詞として使われる場合は抑止する効果があるものを指す。

例）'A strict prison sentence is a deterrent to crime.'（厳しい実刑判決は犯罪の抑止になる）抑制する対象を表すときはtoを付けるのもポイント。

□ struggle to：～しようと奮闘する

cf. find it difficult to do something（あることを行うのに難しさを感じる）

例）'I struggled to pass my exams.'（試験に合格しようと奮闘した）

□ a comprehensive approach：包括的アプローチ

☞ すべての状況に対処するための秩序だった方法。

□ the root cause：根本原因

☞ 一連の原因・結果において、最初の物事や出来事。

□ the underlying mechanisms：根底にあるメカニズム

☞ 物事が起こる筋道のことで、一瞥したのみではっきりわからない可能性があるもの。

□ break a habit：習慣を断つ

☞ cf. stop a habit（習慣を止める）；この習慣とは頻繁に行ってしまい止められないというマイナスなものを指す。

Exercise 05 ③ TASK 1

You should spend about 20 minutes on this task.

The pie chart below shows the different ways in which students at a particular UK university spend their time when using computers. The table groups computer use according to student status.

Summarise the information by selecting and reporting the main features, and make comparisons where relevant.

Write at least 150 words.

Reported computer usage

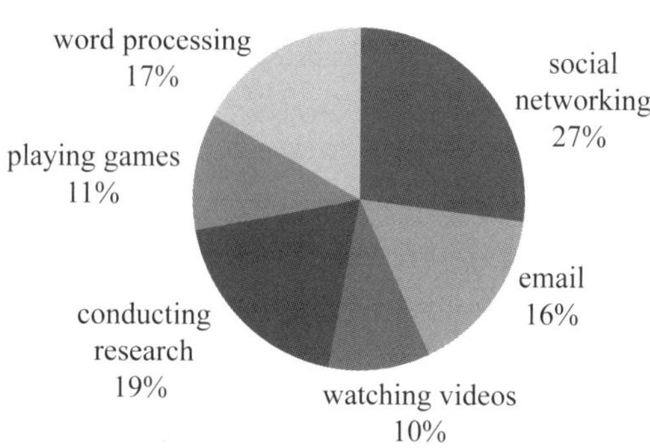

Student status	Percentage of computer usage spent on ...					
	social networking	email	watching videos	conducting research	playing games	word processing
Undergraduates	31	16	17	9	18	10
Graduates	23	16	3	29	4	24

NO TEST MATERIAL ON THIS PAGE

Exercise 05　組み合わせ　解答解説

設問訳

このタスクは約 20 分で完成させなさい。

> 下の円グラフは、ある特定のイギリスの大学で、コンピューターを使うときに学生が自分の時間を費やす異なる手段について示している。図表は学生の身分によりコンピューター使用を分類したものである。
>
> 主な特徴を挙げて説明することで情報を要約し、関連する点を比較しなさい。

150 語以上で書きなさい。

コンピューター使用報告

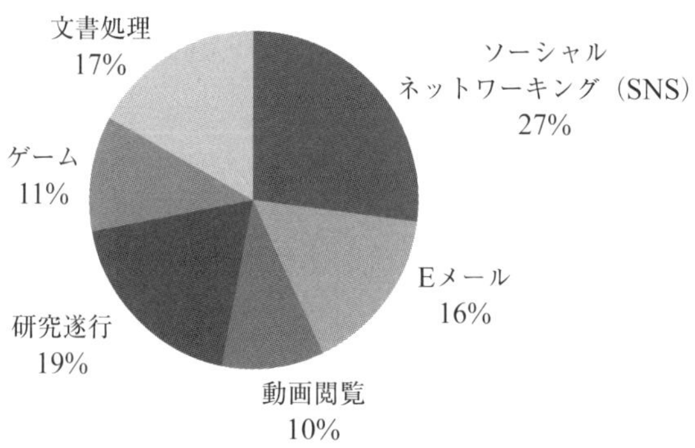

学生の身分	それぞれのコンピューター利用の割合					
	SNS	E メール	動画閲覧	研究遂行	ゲーム	文書処理
大学学部生	31	16	17	9	18	10
大学院生	23	16	3	29	4	24

準備

書く前に、2つの図表の情報を整理し、重要な傾向を示す準に並べる必要がある。下のメモは数値データを見やすく並べたもの。

メモ

pie chart
Students (undergraduate & graduate): percentage of time in UK
leisure > study
graduate: study ↑

social networking = largest (27% of total)
research = 2nd (19%) > word processing (17%) > email (16%)
games (11%) > videos (10%)

students: 64% = computer time on leisure activities / 36% on study

undergraduate
3 biggest categories = leisure
31% = computer time networking
18% = playing games
17% = videos

graduate
first two categories = study
29% = research
24% = word processing
4% = games
3% = videos

emails: undergraduate = graduate

サンプルエッセイ

The pie chart indicates the percentage of time that students in the UK spend on computers for different tasks and the chart beneath divides the students in terms of undergraduate or graduate status. Overall, students spend more time on leisure activities than on study and graduates appear to be more serious than undergraduates about studying.

Overall, social networking takes up by far the largest portion of the time spent on computers, representing 27% of the total. After this comes research (19%), word processing (17%) and email (16%). Playing games and watching videos take up 11% and 10% of students' time, respectively. Generally, students spend 64% of their computer time on leisure activities but only 36% on study.

Dividing the figures by undergraduate or graduate status shows that the three biggest categories for undergraduates are all leisure-related. They spend 31% of their computer time networking, 18% playing games and 17% watching videos. Meanwhile graduates' first two categories have to do with study. They spend 29% of the time conducting research and 24% word processing. Moreover, they spend only 4% of their time on games and 3% on videos. Both graduates and undergraduates spend the same proportion of time on emails.

(199 words)

サンプルエッセイ訳

この円グラフは、イギリスの学生の異なるタスクに対するコンピューター使用時間の割合を指し示している。また、下の表は大学学部生か大学院生かという身分に基づき学生を分けたものである。全体的に、学生は学業全般より娯楽に多くの時間をかけており、大学院生は大学学部生よりも学業に対し熱心であるように見える。

概して、SNS がコンピューター使用時間の最大の割合で、全体の 27%を占めている。その後は研究（19%）、文書処理（17%）、そしてＥメールと続く。ゲームプレイと動画閲覧は、それぞれ11%と10%である。一般的に、学生はコンピューター（使用）時間の64%を娯楽にあてる一方、学業には36%をあてるのみである。

これらの数字を大学学部生か大学院生かの身分に基づいて分けると、大学学部生の3大カテゴリーはすべて娯楽関係であるということがわかる。コンピューター（使用）時間の31%をSNSに、18%をゲームに、17%を動画閲覧に費やす。一方、大学院生の2大カテゴリーは学業に関係している。大学院生は29%を研究遂行に、24%を文書処理に費やす。さらに、ゲームは4%、動画は3%のみである。大学院生も大学学部生も両方とも、Ｅメールには同じ割合の時間を費やしている。

◆ 解説

第1パラグラフは問題文を言い換えたうえで、2つの重要な傾向を述べている。学生は学業よりも楽しいことにより多くの時間を費やすということと、大学院生は大学学部生よりも勉強するということである。第2パラグラフは数値を含め、円グラフの中身を見ていく。第3パラグラフは大学院生と大学生の違いを論じている。Ｅメールは活動（アクティビティ）として学業関係か娯楽関係かという疑問を検討することでエッセイをさらに広げることもできたかもしれないが、現実的に、20分の時間枠の中では、上記の内容で十分だと言える。

役に立つ語句・表現

□ by far：断然

☞ あるものが他のものよりもはるかに大きい、小さい、などということを示すために使われる。 例）'London is bigger by far than Manchester.'（ロンドンはマンチェスターより断然大きい）

□ represent：占める　cf. make up（構成する）、account for（占める）

□ have to do with～：～と関係がある

cf. be connected with（つながっている）

例）'Her success has a lot to do with her father's business connections.'（彼女の成功は父親の仕事上でのコネがあることと深い関係がある）

□ proportion：割合

☞ 'share' や 'percentage' の言い換えとして役立つ言葉。

Exercise 06 ③ TASK 2

You should spend about 40 minutes on this task.

Write about the following topic:

> ***In some countries, it is becoming increasingly difficult for young people to find full-time careers after they graduate from university.***
>
> ***What do you think are the causes of this problem and what measures could be taken to solve it?***

Give reasons for your answer and include any relevant examples from your own knowledge or experience.

Write at least 250 words.

NO TEST MATERIAL ON THIS PAGE

Exercise 06　原因と解決策　解答解説

設問訳

このタスクは約40分で完成させなさい。
次のトピックについて書きなさい。

> いくつかの国々では、若い人々が大学を卒業した後にフルタイムの仕事を見つけることがますます難しくなってきている。
>
> この問題の原因は何か、また、解決するために どのような対策を講じることができるか？

自分の考えに対してその理由を示し、自分の知識や経験から適切な例を挙げなさい。
250語以上で書きなさい。

メモ

× find full-time job
causes:
1. economic conditions: global economy ↓
2. choice of courses: too many study arts / not enough study science

1. global economy
companies make workers leave their job & hire employees ↓
→ rising unemployment → an excess of potential employees
+ companies start rehiring → safer to fire workers on a part-time than full-time

2. majors
today: high-tech society → need for IT, engineering, or science-based majors

but too many study arts: English Literature or Sociology → underemployed arts students ↑ & companies want scientific-minded workers

Measures
governments can alleviate recession
give money to universities → teach job-related subjects → get young ppl. back into full-time careers

university: better counselling for students → they can choose the degree programmes

サンプルエッセイ

Graduating from university is an exciting time for young adults who are preparing to start their lives as full-fledged members of society. Unfortunately, recent graduates have often been disappointed in their attempts to find full-time employment. I think that the main reasons for this phenomenon are related to current economic conditions and the courses that university students choose to study.

For the last several years, the global economy has been struggling to recover from a worldwide financial meltdown. This has caused rising unemployment as companies make workers redundant and hire fewer employees. The result has been an excess of potential employees who are queuing up to find a full-time job. Additionally, when companies do start rehiring, they are finding it safer to hire workers on a part-time rather than a full-time basis.

The other problem has to do with the majors that are being chosen these days. In today's high-tech society, the need for IT, engineering or science-based majors continues to rise while students often continue to choose arts-related subjects such as English Literature or Sociology. The result can be a glut of underemployed arts students and companies that are crying out for more scientific-minded workers.

It is difficult to fix the economic problems as they often affect large parts of the world, but governments can alleviate recession and get young people back into full-time careers by giving more money to universities to teach job-related subjects. On the university side, students need to be advised effectively so that they can select the degree programmes that maximise their employment opportunities.

(259 words)

● サンプルエッセイ訳

羽が生えそろい一人前の社会人として自分の人生を始めようと準備している青年にとって、大学からの卒業はわくわくする時間である。残念ながら、最近の新卒者は、正規雇用を探すという試みの中で、失望することがよくある。思うに、この現象の主な理由は現在の経済状況と、大学生が選択する学科と関係がある。

ここ数年、世界経済は全世界規模の経済の崩壊から回復しようともがいてきた。これにより会社は労働者を解雇し、従業員を少なくしか雇わなくなり、全世界規模の経済崩壊は失業者数の増加を引き起こした。その結果として、正規雇用を得ようと求職者として列をなす、将来の従業員と見込まれる人材のだぶつきが起きている。加えて、会社が再雇用を始めるときには、正規雇用ではなく、非正規で労働者を雇う方が安全であると考えている。

もう1つの問題は、昨今選択される専攻科目に関係がある。今日のハイテク社会では、ITや工学、または自然科学に基づく専攻科目への必要性は高まっているが、一方、学生は英文学や社会学といった人文科学に関する教科を選び続けることがしばしばある。その結果、より多くの科学的思考をもった労働者を求める企業と、無職の文系学生が過剰に増えるということが考えられる。

経済問題を解決することは困難である。なぜなら世界の大きな部分に影響を及ぼすことが多いからだ。しかし、政府は、大学に対して、仕事に関する科目を教える資金をもっと提供することで、不景気を緩和し、若い人々を正規の仕事に戻すことができる。大学側では、学生が自身の雇用機会を最大化する学位プログラムを選ぶことができるよう、効率的にアドバイスを受けられるようにする必要がある。

◆ 解説

第1パラグラフは一般的な書き出しから始まり、そこから論点を絞り、最後の文章で2つの主要な原因を提示している。続いて、第2パラグラフと第3パラグラフはこれら2つの原因を考察している。第4パラグラフは解決策を探っている。エッセイは、'unfortunately'（残念ながら）、'for the last several years'（ここ数年間は）'additionally'（さらに）、'the other problem'（もう1つの問題は）、'on the university side'（大学側では）など、つなぎの表現を使い、文章の流れをよくしている。英語のライティングでは幅広い表現が求められるので、これらの表現に慣れておくとよいだろう。

役に立つ語句・表現

□ phenomenon：現象

☞ さまざまな文脈で使われる言葉。観測されたり、研究されたりすることがあっても、説明することが困難であるというものを意味している。複数形は 'phenomena' となることに注意。

□ redundant：不要になった

☞ ここでは職を持っていないことを指す。'make redundant'（不要にする）は 'fired'（解雇する）のより丁寧な言い方。

□ queue up：列をなす

☞ 'queue' は 'line' のイギリス英語。

□ glut：供給過多　cf. surplus（過剰）、excess（超過）

□ alleviate：軽減する

☞「悪い状況を改善する」の意。 例）'aspirin can alleviate a headache.'（アスピリンは頭痛を軽減する）⇔ exacerbate（悪化させる）　例）'drinking alcohol can exacerbate a headache.'（飲酒は頭痛を悪化させる）

□ maximise：最大化する

☞ あるもの（この場合「機会」）を最大限に［十分に］活用する、生かすこと。

Exercise 07 ④ TASK 1

You should spend about 20 minutes on this task.

The two graphs below show the average number of passengers using public transport on weekdays for two months of the year in a city in the UK.

Summarise the information by selecting and reporting the main features, and make comparisons where relevant.

Write at least 150 words.

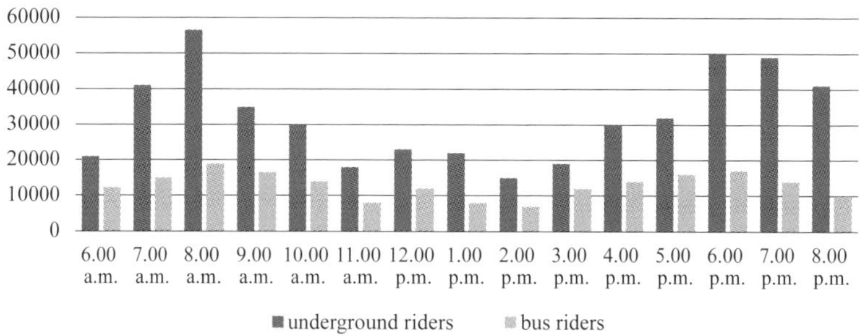

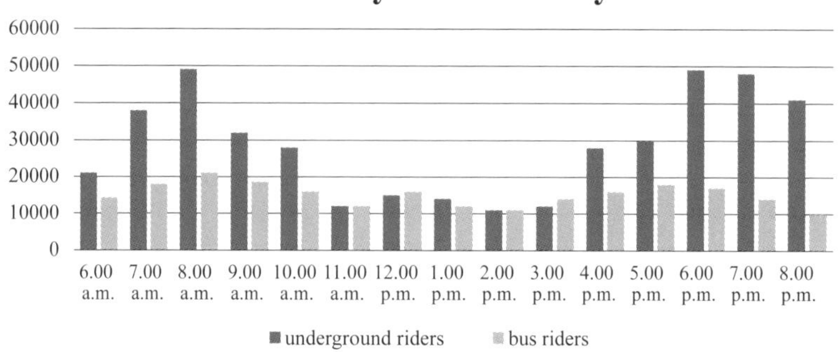

NO TEST MATERIAL ON THIS PAGE

Exercise 07　棒グラフ　解答解説

設問訳

このタスクは約 20 分で完成させなさい。

> 下の 2 つのグラフは、とあるイギリスの都市で、1 年のうち 2 か月の、公共交通を利用する平均的な平日の乗客数を表している。
>
> 主な特徴を挙げて説明することで情報を要約し、関連する点を比較しなさい。

150 語以上で書きなさい。

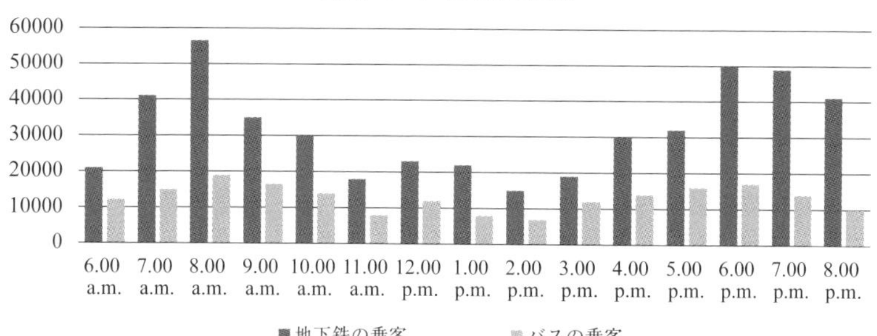

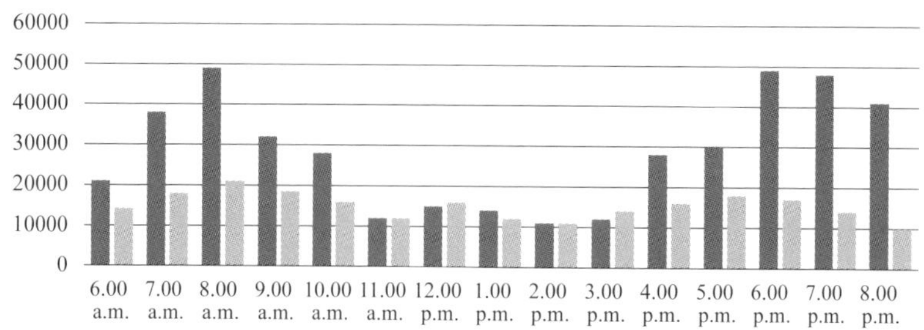

準備

まず、重要なポイントを書き出してみよう。

メモ

underground trains & buses: passenger numbers @UK city in January & July

trains & buses run (6 a.m. － 8 p.m.)

passenger numbers: trains > buses

peaks at 8.00 a.m. and 6.00 p.m. and low points at 2.00 p.m.

January

trains ↑ (21,000 at 6 a.m. – 56,000 at 8 a.m.)

↓ (15,000 at 2 p.m.) → second peak (50,000 at 6 p.m.)

these peaks > July

buses fluctuated between 10,000 and 19,000

July

trains ↑ (21,000 at 6 a.m. – 49,000 at 8 a.m.)

↓ 11,000 at 2 p.m. → second peak: 6 p.m. = 8 a.m. level

buses fluctuated between 10,000 and 21,000

サンプルエッセイ

The two charts show passenger numbers on underground trains and buses in a UK city in January and July, respectively. The trains and buses run on an hourly basis from 6.00 a.m. to 8.00 p.m. on an ordinary weekday. Overall, the underground attracted more passengers than the buses. In both charts, passenger numbers tended to peak at around 8.00 a.m. and fall until midday before rising again to peak at around 6.00 p.m.

In January, the number of passengers on underground trains rose rapidly from 21,000 at 6.00 a.m. to 56,000 at 8.00 a.m. It then fell to a low of 15,000 at 2.00

p.m. before rising to a second peak of 50,000 at 6.00 p.m. These peaks were both slightly higher than those for July. The number of bus passengers fluctuated in a similar pattern within a narrower range between 11,000 and 19,000.

In July, underground passenger numbers ranged from 21,000 at 6.00 a.m. to 49,000 at 8.00 a.m. before plunging to 11,000 at 2 p.m. The second peak occurring at 6.00 p.m. matched the 8.00 a.m. level. Bus passenger numbers fluctuated between 10,000 and 21,000 throughout the day.

(190 words)

● サンプルエッセイ訳

2つの図表は、あるイギリスの都市における1月と7月の地下鉄とバスの乗客数をそれぞれ示している。電車とバスは普通の平日には午前6時から午後8時までの時間枠で走る。全体的に見て、より多くの乗客がバスより地下鉄を利用した。どちらの図表でも乗客の数は午前8時にピークを迎え、そして正午までは下がり、再び上がり、午後6時頃にピークを迎えるという傾向があった。

1月には、地下鉄の乗客数は、午前6時の21,000人から午前8時の56,000人まで、急速に上昇した。その後、午後2時には15,000人まで下降し、午後6時には50,000人という第2のピークまで上がった。1月における午前8時、午後6時、両方の時間に起こる乗客数のピークは、7月のピーク時の数よりも若干高い。バスの乗客数は、同じようなパターンで11,000人から19,000人と狭い幅で増減した。

7月には地下鉄の乗客数は午前6時の21,000人から午前8時の49,000人、午後2時には11,000人へと急降下するように変動した。午後6時に起こる2回目のピークは、午前8時のレベルと同じだった。バス乗客数は10,000人から21,000人の間を、1日を通して上下した。

◆ 解説

このエッセイは問題文を別の言葉で言い換え、その後、主要な傾向を示し、概要を述べている。第2、第3パラグラフはそれぞれ、1番目に電車について、2番目にバスにまつわる統計を示している。電車についての情報がより多いのは2つの理由からである。電車の乗客数の方が変動が大きく、より目立つという点、そして20分間でエッセイを書くという制限によりすべての統計データを詳細に書くことは難しいという点である。1月と7月、どちらの乗客数が多いかについては、明確な傾向としては提示されていないので、エッセイでは言及していない。数は7月の方が全体的に高いように表れているが、電車の最も大きなピークは1月に訪れる。やはり、時間が限られているので、最も重要なポイントを選び、それ以外には触れないようにしなければならない。

役に立つ語句・表現

□ tend to：～する傾向がある

☞ 物事が一般には確かなことだが、すべての場合にあてはまるとは限らないときに使える表現。

□ fluctuate：揺れ動く、変動する

☞ 数字などが波状に上下することを表す。

□ range：範囲がまたがる、及ぶ

☞ ある地点からもう1つの地点へ広がっていること。

例）'Our current age group ranges from juniors through seniors to graduates.'（現在のわれわれの年齢層は、3年生から4年生、卒業生まで範囲がまたがっています）

□ throughout：通して

cf. from beginning to end（始まりから終わりまで）

例）'Wars have occurred throughout history.'（戦争は歴史を通して起こってきた）'in every place'（どこででも）を表すこともある。

例）'The new device quickly became popular throughout the world.'（その新しい装置はすぐに世界中どこででも人気を集めた）

Exercise 08

You should spend about 40 minutes on this task.

Write about the following topic:

> ***Some people think that success at work can be measured by income or job title. Others believe that success at work can only be measured by what you achieve.***
>
> ***Discuss both of these views and give your opinion.***

Give reasons for your answer and include any relevant examples from your own knowledge or experience.

Write at least 250 words.

NO TEST MATERIAL ON THIS PAGE

Exercise 08　主張　解答解説

設問訳

このタスクは約 40 分で完成させなさい。

次のトピックについて書きなさい。

> 仕事上での成功は収入や肩書によって測られる、と考える人がいる。仕事上での成功は達成したことによってのみ測られると信じる人もいる。
>
> これら双方の見方について論じ、意見を述べよ。

自分の考えに対してその理由を示し、自分の知識や経験から適切な例を挙げなさい。

250 語以上で書きなさい。

メモ

£/job title

Usually given to best performers → Not always true

(1) managers promote people who are like us

(2) extroverts ↑ the top

Achievement

- a charismatic man < teachers at college

achievements → true success (though not always appreciated)

サンプルエッセイ

Superficially, income and job title indicate success. If you drive around in a Porsche or tell someone that you are a financial controller, then people assume you are successful. After all, no one is offered a top job for nothing. When positions for promotion become available, companies choose the person they consider to have the best skills for the job. In many cases, the best people are chosen and the newly promoted person goes on to contribute to profits.

However, this is not always the case. Managers tend to recruit people who look and think as they do, and the danger is that the board of directors will all look and think the same. In Japan, where I live, almost all the people at the top are men, which suggests that the boards are ignoring a great pool of talent. We also tend to favour extroverts over introverts. People who talk a lot and are quick to put themselves forward get promoted while quiet people who may work more efficiently are ignored.

I used to work at a college of further education in the UK. The head of the college was a charismatic man who had risen to the top on the strength of his personality. Of course, he received a high salary. Everyone thought he was wonderful, but in my second year at the college, it was discovered that the man was using the college's money for his own ends, and he was convicted of fraud. Meanwhile, the teachers at the college were delivering excellent, creative lessons but getting little money or recognition in return. They taught because they loved teaching. In my opinion, the teachers' achievements in creating the lessons far outweighed the charisma of the man who pushed his way to the top. The teachers were the unsung heroes of the college.

In conclusion, I would say that job title and income are a superficial way to measure success. To my mind, success comes from achievements, and these can be great or small. People who work in ordinary jobs–computer programmers, proof readers, truck drivers, and cleaners–can be just as successful, in their own ways, as the people at the top.

(365 words)

● サンプルエッセイ訳

表面的には、収入と仕事の肩書きが成功を表す。ポルシェを乗り回したり、会計監査役だと言いふらしたりすれば、人々から成功していると思われるだろう。結局のところ、頂点の仕事が見返りなしでオファーされることはないのだ。昇進のポストが空くと、企業はその仕事に最適な能力を持つと考えられる人を選ぶ。多くの場合、最も良い人材が選ばれ、新たに昇進した人がそのまま利益に貢献し始める。

しかしながら、常にそうであるとはかぎらない。管理職に就く人たちは、自分と同じように物事を見て考える人々を起用する。これがはらむ危険は、重役たちが皆同じように見て、同じように考えるようになるということだ。私が住む日本では、頂点にいるほとんどの人は男性で、これは重役たちが才能ある人員が多くいることを無視しているということを示唆している。また、内向的よりも外交的な性格の方が好まれる傾向がある。おしゃべりで、すぐに前に出る人が昇進し、一方で静かな人はもっと効率的に働くかもしれないが無視される。

私はかつてイギリスの継続教育カレッジ（義務教育を修了した成人向けの、大学とは異なる教育機関）で働いたことがあった。カレッジの校長はカリスマ性のある男性で、その性格の強さゆえにトップまで上りつめた人だった。もちろん、彼は高い給料を受け取っていた。彼は素晴らしいと皆思っていたが、私がそのカレッジにいた２年目のときに、その男性はカレッジのお金を自分の目的のために使っているということが明らかになり、詐欺で有罪となった。一方、カレッジの先生方は素晴らしく、かつ創造的な授業を行っていたが、見返りはわずかなお金と評価を得ているのみだった。彼らは教えることが好きだから教えていた。私の意見では、レッスンを作り上げたという先生方の達成した偉業の方が、頂点まで自分の道を押し上げた人のカリスマよりはるかに価値あるものだった。この先生方こそがカレッジの陰の英雄たちだ。

結論として、仕事の肩書きや収入は成功を測る表面的な方法であると私は主張する。私の考えでは、成功は達成から来るもので、これらは大きいことも小さいこともある。普通の仕事に従事する人――コンピュータープログラマー、校閲者、トラック運転手、清掃員――であっても、自分なりに、頂点に立つ人のように成功するということもできるのだ。

◆ 解説

このエッセイは設問で求められている2つの部分にはっきりと答えている。設問の1つの側面しか論じなかった場合には減点されるので、これは大事なことである。肩書とお金が与える表面的な印象と、達成によって測られる成功の真の意味を対比することで、自分の主張を述べている。このエッセイは個人の経験から特定の例を挙げていることに注目しよう。新しいアイデアを考えるよりも、自分の記憶から例を見つける方が簡単なので、要点を描写するためにそうした例を使えば、長いエッセイを短い時間で作ることができる。

役に立つ語句・表現

□ superficially：表面的に

☞ これは物事が、じっくりと検証されるまではそのように見えることを指し示している。

□ extrovert / introvert：外交的な人 / 内向的な人

☞ extrovert とは社交的な人々で、introvert とは恥ずかしがり屋のこと。このような言葉がエッセイで正しく使われると印象的になる。

□ charismatic：カリスマ的な

☞ 抜きんでた魅力があること。

□ outweigh：凌ぐ

☞ 対象より適切で、より大きい、より重要であること。

□ unsung heroes：陰の［知られざる］英雄

☞ 素晴らしいことをするが、十分な評価を受けていない人々（誰も彼らを題材にした詩歌を歌わないことから）。

□ to my mind：私の考えでは　cf. in my opinion（私の意見では）

☞ タスク2のエッセイでは自分の意見を言わなければならないので、これは非常に役立つ表現。

Exercise 09 ⑤ TASK 1

You should spend about 20 minutes on this task.

The diagram below shows the steps involved in the paper-making process.

Summarise the information by selecting and reporting the main features, and make comparisons where relevant.

Write at least 150 words.

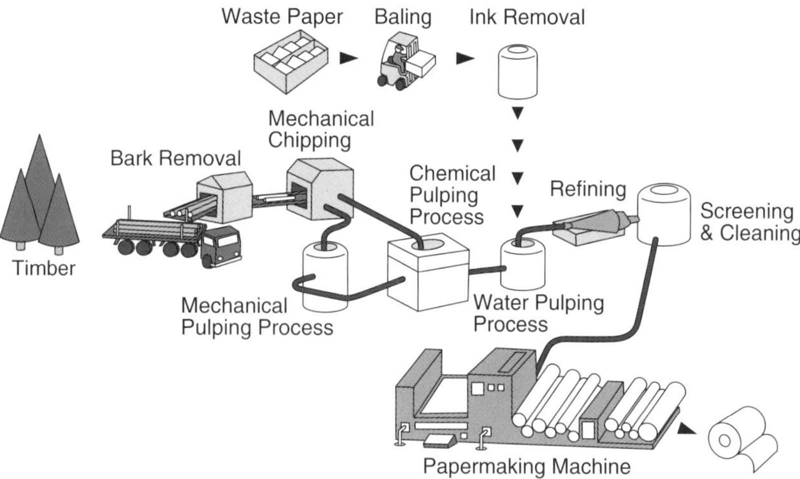

NO TEST MATERIAL ON THIS PAGE

Exercise 09　過程　解答解説

設問訳

このタスクは約 20 分で完成させなさい。

> 下の図は、紙の製造工程に関わる手順を示している。
>
> 主な特徴を挙げて説明することで情報を要約し、関連する点を比較しなさい。

150 語以上で書きなさい。

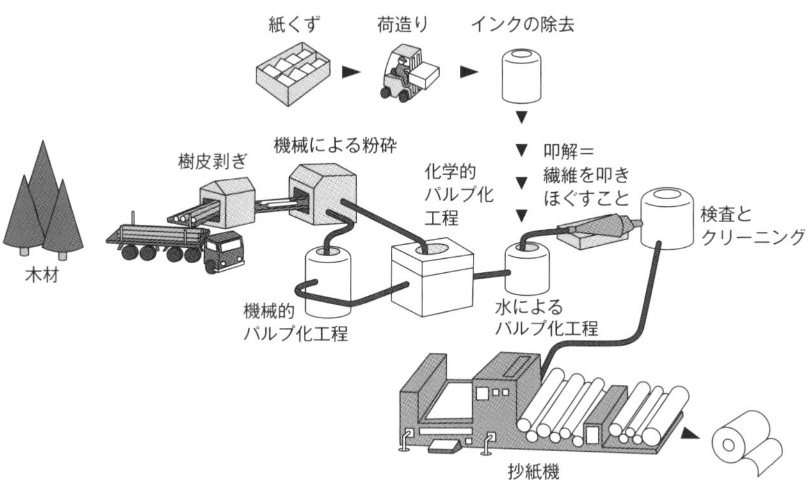

準備

図がかなり明確なので、メモは短くてすむ。細部にとらわれず全体の大まかなプロセスをまずは見るようにしましょう。

paper making process: two sources
(1) timber → paper (more stages)
(2) waste paper → paper (fewer stages)
first: separate processing → final: merge together at "water pulping" stage

first stage
(1) BR → MC or CP → WP
(2) B → IR → WP
final stage
R → S&C → PM machine

サンプルエッセイ

The diagram outlines the numerous steps that comprise the paper-making process. The two materials that go into the paper-making process, namely timber and waste paper, are processed separately before coming together in the final stages. Processing from timber requires more stages than does processing from paper.

In the first stage, the timber has its bark removed and then undergoes mechanical chipping. The output of this stage either goes directly to a chemical pulping process or goes through an intermediate stage of mechanical pulping before being chemically pulped. When the chemical pulping process is complete, the product is sent to the water pulping process. Waste paper, on the other hand, is simply baled and has the ink removed before being sent to the water pulping stage.

In the final stage, the material is refined and then screened and cleaned before being sent to the paper-making machine, which creates the final paper product.

（151 words）

● サンプルエッセイ訳

この図は紙の製造工程を構成する数多くの段階を略図化している。製紙工程で使われる2つの原料、すなわち「木材」と「紙くず」は別々に処理され、最終段階で混合される。木材からの処理には紙からの処理よりも多くの工程が必要となる。

第1段階で、木材は樹皮を剥ぎ取られ、そして機械による粉砕の処理がなされる。処理後は、化学的パルプ化の工程に直接入るか、機械的パルプ化という中間段階を経て、化学的パルプ化の工程に入る。化学的パルプ化の工程が完了すると、水によるパルプ化の工程に送られる。一方、紙くずは梱包され、インクを取り除く処理がされた後、水によるパルプ化段階に入る。

最終段階で、原料物は叩解され、検査とクリーニングを受けた後に、抄紙機へと送られ、完成品の紙ができる。

◆ 解説

このようなタスクで課される要約のポイントは、工程を明確に説明することである。第1パラグラフは設問を別の表現で言い換えて、さらに重要なポイントを加えている。第2パラグラフでは長い方の工程を先に、その後短い方の工程を説明している。そして最後のパラグラフでは二つの工程の流れが合わさった後の最終段階について述べている。

「最初の / 最後の段階で」というような表現は、論理的に文章を構成することに役に立つ。最後の文章で ‘which’ 節（関係代名詞節）が使われていることに注目。関係代名詞節を必要に応じて使えば、複雑な文章を作る能力があることをアピールできる。

役に立つ語句・表現

□ numerous：数多くの

☞ many の言い換えとして役に立つ。

□ namely：すなわち　具体的な意味・名称を挙げるために使われる。

□ undergo：（変化や検査など）を受ける

cf. go through（～を受ける；～を経る）、experience（～を経験する）、be subject to（～に晒される）

□ intermediate：中間の

cf. a middle stage（中間の段階）

Exercise 10

You should spend about 40 minutes on this task.

Write about the following topic:

> ***These days, online shopping is becoming increasingly popular.***
>
> ***To what extent do you think this is a positive or negative development?***

Give reasons for your answer and include any relevant examples from your own knowledge or experience.

Write at least 250 words.

NO TEST MATERIAL ON THIS PAGE

Exercise 10　意見表明　解答解説

設問訳

このタスクは約 40 分で完成させなさい。
次のトピックについて書きなさい。

> 最近は、オンラインショッピングはますます人気が高まっている。
>
> この傾向は、どの程度、良い影響または悪影響を与えるものと考えるか？

自分の考えに対してその理由を示し、自分の知識や経験から適切な例を挙げなさい。
250 語以上で書きなさい。

Positive
- can compare prices → can buy something at the minimum price
- no need to walk around → save time
- wider selection

Negative
- no communication
- no check on products directly

● サンプルエッセイ

Not everyone welcomes the rise of online shopping. Some say that it is killing the retail store and blame it for the closure of shops in the high street. Nevertheless, I believe that, on balance, the rise of online shopping is a positive trend, especially in terms of price, time saved, and range of choice.

Unlike a traditional retailer in a brick-and-mortar shop with its accompanying costs, online retailers can build streamlined operations and pass on the savings to the consumer in the form of lower prices. Consumers can save even more money by comparing the prices of several online retailers before purchasing the cheapest product.

Consumers can also save the time they would otherwise spend travelling to their shopping destinations. This is especially true when they would need to visit several different stores on a single trip. Searching for products online is much faster than travelling to a store, walking around it, and then returning home.

Finally, the online shopper can enjoy a larger range of products in different colours, sizes and materials. Additionally, unusual products are much easier to find when you can search outside of your immediate area and even contact companies overseas.

While online shopping fills a niche that conventional stores cannot, the rise of online shopping is not wholly beneficial. When shopping online, we lose the opportunity to interact with people and may become isolated from those around us. We also lose the chance to see, feel and perhaps taste the products we may be buying. As long as people require these features, conventional stores will always exist. Now that we have the opportunity to shop online or in a conventional store depending on our needs, we can enjoy the best of both worlds.

(289 words)

サンプルエッセイ訳

皆がオンラインショッピングの台頭を歓迎しているわけではない。オンラインショッピングは、小売店を潰し、大通りにある店舗を閉鎖に追い込んでいると責める人もいる。それでも、オンラインショッピングの増大は、特に価格、時間の節約、選択の幅の点から、結局は好ましい傾向であると考える。

必要経費をともなうブリック・アンド・モルタル（店舗販売）式の伝統的な小売業と異なり、オンライン上の小売業は合理的な作業工程を構築でき、そこで節約されたものを低価格という形で消費者に還元することができる。消費者は、いくつかのオンラインショップの価格を比べ、最安値の製品を購入することで、さらにお金を節約することができる。

消費者は、買い物をする目的地に行くために費やしていたであろう時間も節約できる。これは、一度の外出で複数の店を訪れる必要がある場合には特に当てはまる。店を歩き回り家に帰るよりも、オンラインで製品を探す方がずっと早い。

最後に、オンラインでの買い物客は色やサイズや材質などが異なる、幅広い製品を楽しむことができる。加えて、珍しい製品は、近隣の地域以外を調べ、また海外の会社に連絡を取ることができれば、ずっと簡単に見つかる。

従来の店では埋めることのできないニッチ［隙間(すきま)］をオンラインショッピングが埋めているが、オンラインショッピングの台頭は全面的に有益なことではない。オンラインショッピングでは、人々とふれ合う機会がなく、周りから孤立することになるかもしれない。さらに、購入するかもしれない製品を見て、触れて、ことによると味わう機会も失う。このような特徴を求めるかぎり、従来の店はいつまでも存在するだろう。今は、必要に合わせ、オンラインあるいは従来の店で買い物をする機会があり、双方の世界の最良のものを享受できるのだ。

◈ 解説

設問は、オンラインショッピングの人気の高まりが、どの程度好ましい、または好ましくないことであるかを説明するよう求めている。このエッセイの良い点は、しっかりとした構成だ。大衆向け店舗に対する危機を認め、その次に、オンラインショッピングは3つの点において利点があると断言している。第1パラグラフの最後の文章は、これら3つの点について述べている（この種の文章は主題文《a thesis statement》となる）。続く3つのパラグラフはこの文の3点を、価格、時間、選択肢、と順を追って述べている。最後の段落は、オンラインショッピングにまつわる潜在的な欠点へ戻り、その後、結局は、オンラインショッピングは利点があると再確認している。このように、冒頭と結論は、オンラインショッピングの否定的な側面に譲歩したうえで、肯定的な側面を強調している。

役に立つ語句・表現

□ positive trend：前向きの傾向　cf. a good development（良い発展）
☞ 扱うものがデータ（タスク1）であれ、社会問題（タスク2）であれ、多くのタスクは書き手に傾向を描写するように求めるので、'trend'（傾向）という言葉はとても役に立つ。

□ unlike～：～とは違って　☞違いを示すのに便利な言葉。

□ otherwise：そうでなければ
cf. in a different circumstance（異なる状況下では）、if not（そうでなければ）
☞ ある出来事が起こらなかった場合にはどうなるかということを示すために使われる。
例）'We need to take oxygen into our lungs. ***Otherwise***, we would not be able to survive.'（我々は肺に酸素を取り入れる必要がある。もしそうでなければ、生き残ることはできない）

□ niche：すきま　☞ここでは他社が進出していない市場の隙間のこと。

□ interact with～：（誰かと話すなどして）～と交流する、やりとりする

□ enjoy the best of both worlds：双方の世界の最良のものを得る

Exercise 11 

You should spend about 20 minutes on this task.

> ***The following chart shows how land has been allocated in a particular town in the south-eastern part of the UK.***
>
> ***Summarise the information by selecting and reporting the main features, and make comparisons where relevant.***

Write at least 150 words.

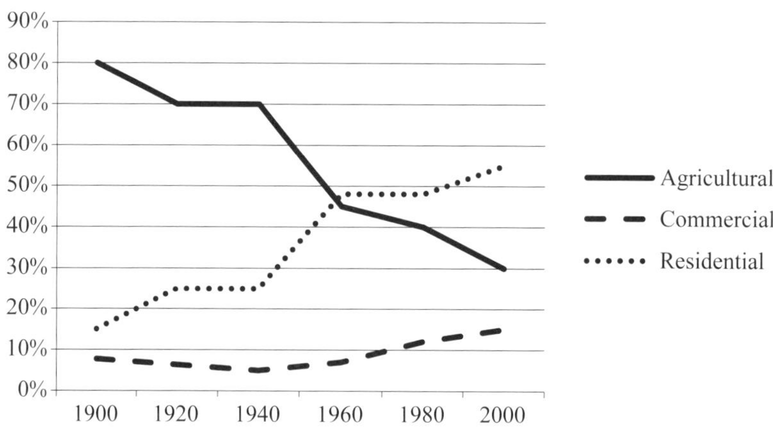

NO TEST MATERIAL ON THIS PAGE

Exercise 11　折れ線グラフ　解答解説

設問訳

このタスクに約20分を使いなさい。

> 下の図は、ある英国東南の町において、土地がどのように利用されているかを示している。
>
> 主な特徴を挙げて説明することで情報を要約し、関連する点を比較しなさい。

150語以上で書きなさい。

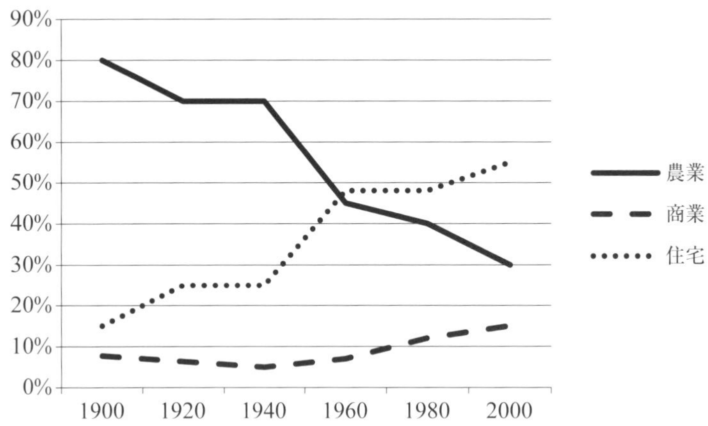

メモ

Agriculture: sharp fall
Commercial: gentle upward
Residential: rise sharply
Agriculture: sharp fall 80% (1900) → 70% (1920)
remain stable for 20 years (1920-40)
sharper fall to 45% by 1960
gentler fall to 30% by 2000
Residential: 15% (1900) → 25% (1920)
unchanged for 20 years → rise
pass agriculture (1960) → 55% (2000)
Commercial: slight downward 5% (1900-40) → gentle upward trend 5% → 13% (2000)

● サンプルエッセイ

The graph shows the changes in the zoning of private land for one town in the UK over the course of a century. During this time, the use of land for agriculture fell sharply while that for commercial use rose gently and that for residential use rose sharply.

In 1900, the area was most likely a farming community since 80% of the land was zoned for agricultural use, with residential and commercial zoning making up roughly 15% and 5%, respectively. Over the next 20 years the land allocated for agriculture was reduced to 70%. This figure remained unchanged until around 1940, when the share of land zoned for agriculture dropped precipitously, hitting 45% in 1960 before falling less dramatically to 30% in 2000.

Meanwhile, the use of residential land grew in inverse proportion to the loss of agricultural land. It rose from 15% in 1900 to 25% in 1920, plateaued for 20 years and then rose again, overtaking the figure for agriculture in 1960 and ending at 55% in 2000. By 1960, the majority of private land in this township was being used for residential purposes. Finally, land zoned for commercial purposes trended very slightly downward until the early 1940s before rising gently to end at around 13% in 2000.

(211 words)

● サンプルエッセイ訳

このグラフは、1世紀にわたる、英国のある町の私用土地区分における変化を示している。この期間に、農業目的の土地利用は急激に下がり、一方、商業目的の土地利用はゆるやかに増え、住居目的の土地利用は急激に増えた。

1900年には、このエリアはおそらく農業地帯で80%の土地が農業区であり、住居区・商業区はそれぞれおおよそ15%と5%の割合だった。続く20年間には、農業用の土地区分は70%まで減った。この数字は1940年頃まで変わらなかったが、その頃から急降下し、1960年には45%に達し、その後落ち込みは急に弱まり、2000年には30%になった。

一方で、住居地を目的とする利用は農業地の減少に反比例する形で伸びた。1900年の15%から1920年には25%に増え、20年間の安定期を経て、再び上昇し、1960年には農業目的の数値を超え、その結果、2000年に55%になった。1960年まではこの町の私有地の大部分は居住目的で使われていた。最後に、商業目的の土地区画は1940年代前半まではいくぶん下降傾向にあったが、その後ゆるやかに増え2000年に約13%となった。

◆ 解説

このエッセイは、第1パラグラフで、設問を別の言葉で言い換え、その後、重要な特徴を提示している。第2パラグラフは、農業の折れ線グラフの傾向とデータを提示しながら、農業利用の土地について論じている。第3パラグラフは残り2つの折れ線について論じている。住居利用は、おおよそ農業利用と反転している形なので、特徴を説明するのは、より少ない統計情報ですませられる。最後の文章は、統計情報を加えつつ、商業目的地について論じている。データを入れながら全体像を提示していること、また、すべてのキーポイントについて論じていることから、このエッセイは点数を引かれる要素がなく、良いスコアを得るはずだ。

役に立つ語句・表現

□ sharply / dramatically：急激に / 劇的に　cf. quickly（早く）、rapidly（急速に）

□ roughly：おおよそ　= about、approximately
　☞ 大体の割合・程度を示すときに用いる表現。

□ hit：～に達する　cf. reach（～に到達する）

□ gently：ゆるやかに ⇔ sharply / dramatically

Exercise 12 

You should spend about 40 minutes on this task.

Write about the following topic:

> ***Improving public transport options is the best way to deal with air pollution and the overuse of valuable resources such as oil.***
>
> ***To what extent do you agree or disagree?***

Give reasons for your answer and include any relevant examples from your own knowledge or experience.

Write at least 250 words.

NO TEST MATERIAL ON THIS PAGE

Exercise 12　意見表明　解答解説

設問訳

このタスクは約 40 分で完成させなさい。
次のトピックについて書きなさい。

> 公共交通の選択を増やすことが、石油など貴重な資源の無駄使いや大気汚染に取り組む最善の策である。
>
> これにどの程度賛成、または反対するか？

自分の考えに対してその理由を示し、自分の知識や経験から適切な例を挙げなさい。
250 語以上で書きなさい。

giving people more commuting options → effective but × the most important

(1) electric vehicles
+ use alternative forms of energy: solar, geothermal, wind energy
→ zero emission

(2) regulation on ships and factories
pollution from transportation: ship > car

(1)+(2) combined approach to all sources needed

サンプルエッセイ

Most cities in the world today are congested with vehicles that pollute as they sit in traffic jams. Giving people more commuting options by improving public transport systems would encourage them to leave their vehicles at home, which would undoubtedly reduce air pollution and oil use. We should certainly be pursuing this course of action. However, it is just one of many measures that we need to take, and it is not the most important.

Another way is for people to switch to electric vehicles, which would cut air pollution to zero within the cities. Unfortunately, much of the world's electricity is generated from burning fossil fuels, so unless we change the way we generate electricity, the use of these vehicles will still result in the consumption of finite resources. We need to combine the promotion of electric vehicles with investment in solar, geothermal and wind energy, which are unlimited in supply and produce zero emissions.

Perhaps the single biggest measure we can take is to force ships to use higher-grade oil in their engines. It is a little-known fact that big ships pollute more than cars. In fact, due to the use of low-grade fuel, the world's 15 biggest ships pollute as much as all the world's cars combined. This has been allowed to happen because these ships operate in international waters, where regulation is light. To combat this problem, governments must regulate to drastically cut emissions from these ships. On the topic of regulation, imposing stricter regulations on factory emissions would also have a beneficial effect. Smog arising from factory pollution is a major problem in many cities, especially in the developing world. In conclusion, the issues of air pollution and the excessive use of resources need to be tackled from all sides.

(295 words)

サンプルエッセイ訳

今日の世界で多くの都市は、車によって混雑している。その車は渋滞にはまっているうちに、周囲を汚染している。公共交通機関を改善し、通勤通学に関し、もっと選択肢を与えれば、人々は車を自宅に置いて出かける気になるかもしれない。それによって間違いなく、大気汚染や石油の使用を減らせるだろう。確かにこの行動は実行するべきだ。しかしながら、それは行うべき必要がある数多くの対策の1つにすぎず、最も重要なものではない。

もう1つの方法は、電気自動車に切り替えることである。そうすれば、都市内部での大気汚染はゼロにまで減らせるだろう。しかし残念ながら、世界の電力のうち多くは、化石燃料を燃やすことにより生産されているので、発電方法を変えないかぎり、これらの車を使うことは依然として限りがある資源を消費することになる。電気自動車の普及促進と、供給に限りがなく排気物質を出さない太陽や地熱や風力といったエネルギーへの投資を同時に行う必要がある。

おそらく、実行可能で、とりわけ重要な対策は、船のエンジンに高品質の石油を使うことを義務づけることである。あまり知られていない事実だが、巨大船は車以上に環境を汚染する。実際には、質の悪い石油の使用により、世界の最大級の船15隻で、世界中の車すべてを合わせたものと同じ量の汚染が起こる。これらの船は規制の緩い国際水域で航行しているので、このような事態が許されてきた。政府は、この問題に立ち向かうべく、これらの船から出る排気物質を徹底的に減らすための規制をしなければならない。規制という話題で言えば、より厳しい規制を工場に課すことでも、有益な効果が得られるであろう。多くの都市、特に発展途上の地域において、工場による公害から生じるスモッグは大きな問題である。結論として、大気汚染や過度な資源使用の問題は、あらゆる側面から取り組む必要がある。

◆ 解説

第1パラグラフは公共交通を改善するという具体的な考えを取り上げたうえで、「それは多くの対策のうちの1つであり最重要ではない」と述べ、賛成の度合いを示している。質問の前半に答えたうえで、残りの2つのパラグラフは他の方法について詳しく述べ、その後、複合的なアプローチが必要だと結論づけている。

第1パラグラフの最後で one of many measures と書いてあり、第2パラグラフでそれを受けて Another way is と始まっている。こうした前後の段落のつながりをもたせることがポイント。結論が最後の文章で示されていることにも注目しよう。英語のライティングでは文が1つしかないパラグラフというのは一般的ではない。よって最後の文章は、1文だけを独立させるよりも、第3パラグラフにくっつけたほうがよい、ということになる。

最後の段落で、世界の最大級の船15隻が、世界の車すべてを合わせたものと同じくらいの汚染が起こるという具体的な描写がされている。このような表現は主張に根拠を与えるのにとても役に立つ。数字は絶対に正確である必要はない(確信がなければ、'about' あるいは 'approximately' という表現を使うのもよいだろう)。もちろん受験生は、論題すべてにつき統計数字を覚えておくことを求められてはいないが、もし一般的な知識から多少でも知っているようであれば、使うといいだろう。

役に立つ語句・表現

□ congested：混雑している
☞ 自由に動けないほど人々や交通で混んでいる状態を表す。

□ fossil fuels：化石燃料
☞ 古代生物の死骸から成る、石油、石炭、天然ガスといった可燃性物質。

□ undoubtedly：疑う余地なく　cf. certainly（確かに）

□ finite：限りがある　= limited

□ a little-known fact：あまり知られていない事実

□ tackle：取り組む　= deal with

Exercise 13 

You should spend about 20 minutes on this task.

> ***The diagram below shows the stages and processes involved in the rock cycle.***
>
> ***Summarise the information by selecting and reporting the main features, and make comparisons where relevant.***

Write at least 150 words.

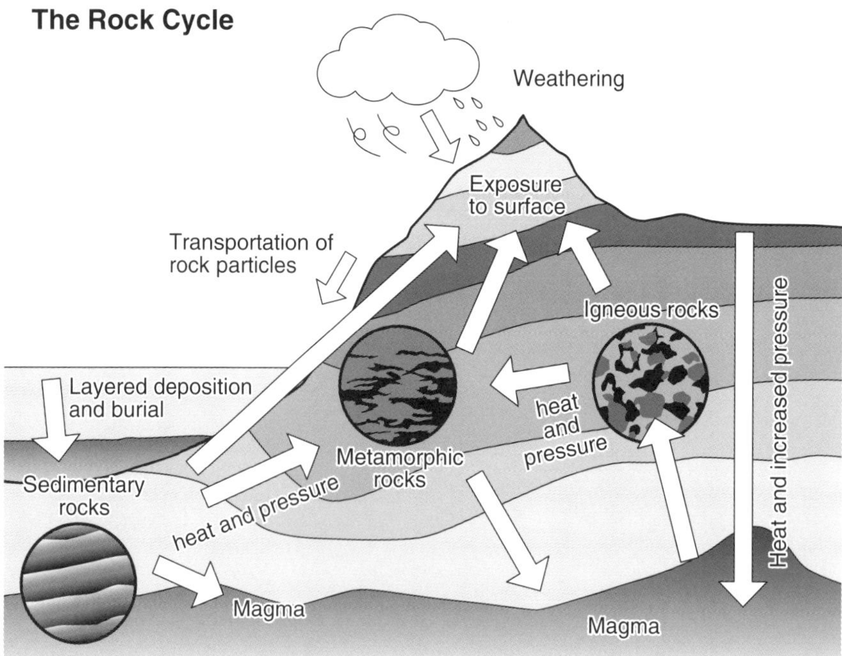

NO TEST MATERIAL ON THIS PAGE

Exercise 13　過程　解答解説

設問訳

このタスクは約 20 分で完成させなさい。

> 下の図は岩石の循環(ロックサイクル)に関わる段階と過程を示している。
>
> 主な特徴を挙げて説明することで情報を要約し、関連する点を比較しなさい。

150 語以上で書きなさい。

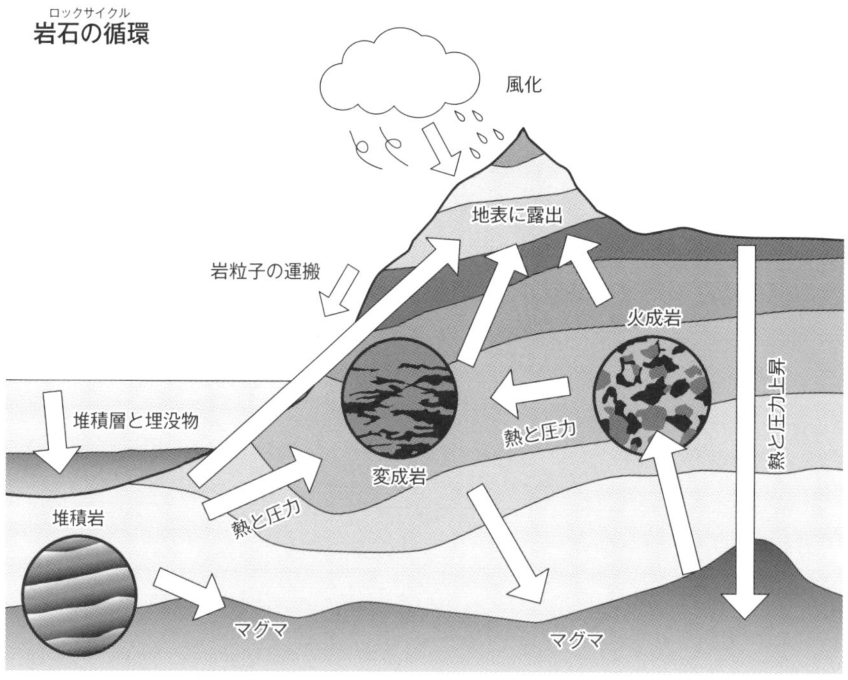

メモ

3 types rocks & relationships
heat & pressure, weathering, transportation of rock particles

magma → igneous rock → surface
→ heat & pressure → metamorphic rock → surface / magma
surface → weathering (rain & wind) → transportation → deposits →
sedimentary rock → magma / surface / metamorphic rock

● サンプルエッセイ

The diagram illustrates the formation of three types of rock and the relationships between them. The cycle is created through heat and pressure, which exerts force in every direction; weathering; and the transportation of rock particles.

Igneous rock is formed from magma. The rock can either find its way to the surface or be transformed into metamorphic rock with the addition of heat and pressure. Metamorphic rock can also eventually reach the surface or be forced downward and converted back into magma.

When rock eventually makes its way to the surface, it is exposed to weathering. In this process, rain and wind acts on rock, resulting in the transportation of rock particles that are then deposited in layers and buried. These buried deposits will eventually become sedimentary rock. Once formed, sedimentary rock can take one of three paths. It can be forced downward and converted into magma. Conversely, it can be forced upward and eventually reach the surface. Finally, it can be exposed to heat and pressure and end up as metamorphic rock.

(173 words)

● サンプルエッセイ訳

この図は3種類の岩石の形成とそれぞれの関係を表している。この循環は、あらゆる方向から影響を及ぼす熱と圧力、風化、および岩粒子の運搬によって起こる。

火成岩はマグマから成る。火成岩は地表に出る方向に進む、あるいは熱と圧力が加わることで変形岩に変化する。変形岩はやがて地表に到達するか、下方に押し込まれマグマに変わる。

時間をかけ地表に出た岩石は、風化作用を受ける。雨や風によって岩石は削られ、結果として岩粒子に変形し、堆積して層となり、埋まっていく。埋まった堆積物はやがて堆積岩になる。堆積岩は、1度形作られると、3つのうちいずれか1つの道をたどるようになる。1つ目は下方に流されマグマに変わる。2つ目は反対に、上方に流されやがて地表に到達する。3つ目は、熱や圧力にさらされ変成岩となる。

◆ 解説

図には異なる方向を指し示す、いくつもの矢印がある。一目見ただけでは混乱してしまうかもしれないので、最初にやるべきことは、重要な動きを見極めてメモに起こすこと。この要約は設問を言い換えた後に重要なポイントを挙げ、それから順に3つのタイプの岩石について論じている。初めに、火成岩と変成岩の成り立ちを示し、風化作用を説明した後に、堆積岩の成り立ちについて説明している。なぜなら風化作用は堆積岩の最終的な成り立ちに関わってくるからだ。‘in this process’（この過程において）、‘once formed’（1度形作られると）、さらに‘eventually’（やがて）といったような表現を使えば、筋道立てて論理的に文を展開することができる。

役に立つ語句・表現

□ find one's way：進む

☞「明確な導きなしに目的地に到達する」という意味。エッセイの中では火成岩が地表に移動する過程を表している。地表への移動の方法が明記されていないので、とても効果的な表現である。

□ transform A (into B)：A を（B に）変える

☞ 物事が別のものに姿・形を変えることを表す表現。

□ downward / upward：下方へ／上方へ

☞ 動きを示す言葉。方向を示すには、次のような言葉を使うことができる。例）'northward'（北方向へ）/ 'southward'（南方向へ）/ 'eastward'（東方向へ）/ 'westward'（西方向へ）

□ conversely：反対に　☞物事の反対側を見るときに用いる。

Exercise 14

You should spend about 40 minutes on this task.

Write about the following topic:

> ***Over the past forty years, the cost of health care has increased at a much faster rate than inflation.***
>
> ***Why do you think this has been happening and what can we do to fix this problem?***

Give reasons for your answer and include any relevant examples from your own knowledge or experience.

Write at least 250 words.

NO TEST MATERIAL ON THIS PAGE

Exercise 14　原因と解決策　解答解説

設問訳

このタスクは約 40 分で完成させなさい。
次のトピックについて書きなさい。

> 過去 40 年間で、医療費は物価のインフレに比べ、かなりの速さで上昇している。
>
> なぜこのようなことが起きているのか、またこの問題を解決するために何ができると考えるか？

自分の考えに対してその理由を示し、自分の知識や経験から適切な例を挙げなさい。
250 語以上で書きなさい。

メモ

● Why - health care costs ↑

(1) new drugs & expensive treatments

(2) insurance ↑

● my grandfather's day vs. now

- simpler treatments: no heart operations → expensive operations popular → cost ↑

- fewer drags → many sophisticated medicines → cost ↑

● privatised medicine in US etc.

- protections from malpractice cases → price of insurance ↑

● How to fix

(1) increase drug production & automate procedures

(2) limit insurance payouts

サンプルエッセイ

Inflation leads to a general rise in prices, but the rate of increase varies depending on the industry segment. In recent years, health care costs have outpaced inflation for two reasons: the costs of developing new drugs and procedures and the rising price of insurance.

In our grandparents' day, the treatments for medical problems were simpler. Complex procedures like heart operations were virtually unknown, and the range of drugs on offer was limited. Today, hip replacements for the elderly and other expensive operations have become routine, which has pushed up costs. At the same time, medicines, such as anti-Alzheimer's drugs, are coming onto the market. As these drugs have become more sophisticated, the cost of developing them has risen, which has also impacted the total cost of health care.

In countries with privatised medicine, such as the United States, the price of insurance is driving up health costs. Doctors need to protect themselves from malpractice cases arising from mistakes made in patient treatment. The amounts that patients claim have been rising faster than the level of inflation and that, in turn, has raised total healthcare costs beyond the inflation rate.

To deal with this problem, we can produce sophisticated medicines in large quantities to take advantage of economies of scale and use automated procedures for operations whenever possible. Additionally, we can try to reduce the costs of malpractice insurance by placing a limit on the amount of money that victims of medical errors can receive. Also, in the US, the creation of a nationalised health care system would help to reduce costs to the public.

(265 words)

サンプルエッセイ訳

インフレーションは全体的な価格高騰を引き起こすが、産業区分により、その上昇率は異なる。昨今では、以下２つの理由から医療にかかるコストはインフレを凌（しの）ぐようになった。新しい薬や治療の開発にかかるコストと保険料の増大である。

祖父母の時代には、病気への治療は、もっと単純なものだった。心臓手術のような複雑な治療はあまり知られておらず、提供される薬の種類は限られていた。現在は、年配者への股関節置換といった費用がかかる手術が一般的になり、そのこともコストを押し上げている。同時に、例えば抗アルツハイマー薬といった薬も市場に入ってきている。これらの薬がより高品質になるにつれ、開発費は上昇し、医療の全体的なコストにも影響を与えている。

米国のように医療が民営化されている国々では、保険料が医療費の増加を招いている。医者たちは、患者への治療ミスによって起こされる過誤訴訟から自らの身を守る必要がある。患者の請求額はインフレのレベルよりも急速に上がってきており、そのことが今度は、全体的な医療費をインフレ率以上に押し上げている。

この問題に取り組むために、高品質な薬を大量生産し、費用対効果を上げること、また可能なかぎり手術処置を自動化するということが考えられる。加えて、医療過失の被害者が受け取る額に上限を設けることで、過誤に対する保険料引き上げを目指せる。さらに、米国においては、医療制度の国有化が、一般の人々に対し、コスト減少の一助になるかもしれない。

◆ 解説

ここでは、医療費がインフレよりも速く上昇していることについて、２つの重要な理由を提示しており、それぞれのポイントに対し、パラグラフを１つずつ使って説明している。第２パラグラフは、治療と処置という同じ領域でのコスト増大を論じている。第３パラグラフは、米国では重大な問題である保険について論じている。第２、第３パラグラフは、コスト増大について言及するだけではなく、なぜコストがインフレよりも速く上昇しているのかをいう理由を明確に述べていることに注目しよう。設問がインフレについて触れているので、これらの要素を明確にインフレと関連付けて書くことが、良いスコアを取るためには重要となる。

また、タスク２では個人的な意見を書くことを求められるが、このサンプル

エッセイのように 'I think' や 'I believe' といった表現をわざわざ使わなくても自分の考えを伝えられるので、明示しなくても構わない。

役に立つ語句・表現

□ outpace：～を凌ぐ、追い越す
☞「あるものより速く増加する」という意味。

□ in our grandparents' day：我々の祖父母の時代には
☞ この表現は、例えば '50 years ago'（50 年前）や 'in the past'（過去には）よりも、読み手の目を引く。

□ routine：ありふれた
☞ 特別な理由のためというより、日常的な行動の中で行われる一般的なことを指す。

□ drive up：押し上げる

□ take advantage of～：～を利用する
cf. take the opportunity to do（～する機会［利点］を得る）

□ nationalise：国有 / 国営化する
☞ ある産業を政府の管轄下に置くこと。《イギリスの医療制度は、ほぼ利用者にとっては無料であり、国有化されている》privatise（民営化）は政府がそれまで管轄下にあった産業を売ること。

Exercise 15 ⑧ TASK 1

You should spend about 20 minutes on this task.

The table below shows the percentages of men and women in different occupations for four different age groups in a particular region of the UK.

Summarise the information by selecting and reporting the main features, and make comparisons where relevant.

Write at least 150 words.

Gender and age distribution by occupation

Age group	**Gender**	**Percentage holding the following occupations**					
		doctor	nurse	lawyer	primary school teacher	librarian	police officer
25-34	male	65%	20%	70%	7%	19%	78%
	female	35%	80%	30%	93%	81%	22%
35-44	male	69%	15%	72%	2%	10%	83%
	female	31%	85%	28%	98%	90%	17%
45-54	male	90%	7%	82%	1%	10%	88%
	female	10%	93%	18%	99%	90%	12%
55-64	male	93%	2%	85%	1%	9%	92%
	female	7%	98%	15%	99%	91%	8%

NO TEST MATERIAL ON THIS PAGE

Exercise 15　表　解答解説

設問訳

このタスクは約20分で完成させなさい。

下の図は英国のある地域における、異なる職業に従事する人の男女比を4つの年齢区分で表している。

主な特徴を挙げて説明することで情報を要約し、関連する点を比較しなさい。

150字以上で書きなさい。

年齢別職業男女比率

年齢	性別	当職就業割合					
		医師	看護師	弁護士	小学校教員	司書	警察官
25-34	男性	65%	20%	70%	7%	19%	78%
	女性	35%	80%	30%	93%	81%	22%
35-44	男性	69%	15%	72%	2%	10%	83%
	女性	31%	85%	28%	98%	90%	17%
45-54	男性	90%	7%	82%	1%	10%	88%
	女性	10%	93%	18%	99%	90%	12%
55-64	男性	93%	2%	85%	1%	9%	92%
	女性	7%	98%	15%	99%	91%	8%

 メモ

4 age groups

(1) Men > women: doctor/lawyer/police officer

men: 65%, 70%, 78% (25-34) / 93%, 85%, 92% (55-64)

women: 35%, 30%, 22% (25-34) / 7%, 15%, 8% (55-64)

men (old → young) ↓ vs. women (old → young) ↑

(2) Women > men: nurse/primary school teacher/librarian

women: 80%, 93%, 81% (25-34) / 98%, 99%, 91% (55-64)

men: 20%, 7%, 19% (25-34) / 2%, 1%, 9% (55-64)

men (old → young) ↑ vs. women (old → young) ↓

(3) Gender gap ↓ in younger groups

サンプルエッセイ

The table provides UK data on six different occupations based on gender in four age groups: 25–34, 35–44, 45–54 and 55–64. Men outnumber women among doctors, lawyers, and police officers while the opposite is true for nurses, primary school teachers and librarians. Moreover, the younger the segment, the less gender-specific the job becomes.

Among doctors, lawyers and police officers, men comprise 65%, 70% and 78%, respectively of the workforce in the youngest age group and 93%, 85% and 92% in the oldest. For women, the corresponding figures are 35%, 30% and 22% in the youngest group and 7%, 15% and 8% in the oldest. Moving from old to young, each age group shows a rise in the percentage of women and a corresponding fall in the percentage of men taking up these professions.

Looking at nurses, primary school teachers and librarians, women working in these jobs make up 80%, 93% and 81%, respectively of the total in the youngest age group and 98%, 99% and 91% in the oldest. For men, the corresponding figures are 20%, 7% and 19% in the youngest group and 2%, 1% and 9% in the oldest. Similarly, moving from old to young, each age segment indicates a rise in the share of men and fall in that of women working in the jobs.

(218 words)

サンプルエッセイ訳

この表は、年齢別 4 グループ（25–34 歳、35–44 歳、45–54 歳、55–64 歳）の性別に基づいた、6 つの職業に関する英国のデータを示している。医師、弁護士、警察官では男性の数が女性より勝っており、一方、看護師、小学校教員、司書ではその逆の状況が見られる。さらに、年齢区分が若ければ若いほど、仕事と性別との特有なつながりは薄くなる。

医師、弁護士、警察官のうち、最も若い年齢グループの労働人口ではそれぞれ 65%、70%、78% を、最も年配のグループでは 93%、85%、92% を、男性が占めている。女性は、最若年層で 35%、30%、22%、最年長層で 7%、15%、8% である。年配者から若者に移行すると、それぞれのグループは、これらの専門職に就く女性の比率が伸びており、男性の比率はそれに対応する形で落ちていることを示している。

看護師、小学校教員、司書を見ると、これらの仕事に就く女性は最若年層において、それぞれ 80%、93%、81% を占め、最年長層では 98%、99%、91% となっている。男性は、最若年層では 20%、7%、19%、最年長層では 2%、1%、9% となっている。同様に、年配者から若者に移行すると、それぞれの年齢区分は、これらの職に従事する男性の割合が伸び、女性の割合は落ちていることを示している。

◆ 解説

設問は多くのデータを提示しているので、どのデータを含め、どのデータには触れないかを決める必要がある。最若年と最年長のグループのデータは重要なので、しっかり説明し、他のグループに関するデータは簡単に述べる、という形にしなければならない。データを要約する際、'respectively'（それぞれ）や 'corresponding to'（～に対応する）という表現を使うと、多くのデータを簡潔に、効果的に要約することができる。時間に余裕がなければ、細かいデータは減らし、最も重要なデータのみを選ぶといいだろう。

このエッセイでは、第1パラグラフで設問を言い換え、さらに重要なポイントを加えている。第2パラグラフでは3つの男性中心の職業を選び、データを要約している。第3パラグラフは、第2パラグラフと重複しないよう表現を変えて、女性中心の専門職について要約している。

役に立つ語句・表現

□ outnumber：～に数でまさる

☞ 一方がもう一方より数が多くなることを示す表現。

□ comprise：～を構成する

cf. consist of（～から成り立つ）、make up（～を構成する）、account for（～を占める）

□ respectively：それぞれ

☞ ここでは「述べられた順に」ということを表している。

□ corresponding：～に対応する

cf. equivalent to（～と同等な、～に相当した）

Exercise 16

You should spend about 40 minutes on this task.

Write about the following topic:

> ***In some countries, the prison population has been growing rapidly and the overcrowding of prisons is becoming a real concern.***
>
> ***What do you think are the reasons for this situation and what steps could be taken to improve it?***

Give reasons for your answer and include any relevant examples from your own knowledge or experience.

Write at least 250 words.

NO TEST MATERIAL ON THIS PAGE

Exercise 16　原因と解決策　解答解説

設問訳

このタスクは約 40 分で完成させなさい。
次のトピックについて書きなさい。

> いくつかの国において、受刑者数が急速に増えており、刑務所の過密状態が現実問題となっている。
>
> この状況が起きる理由は何か、改善のためにどのような方法が講じられると考えるか？

自分の考えに対してその理由を示し、自分の知識や経験から適切な例を挙げなさい。
250 語以上で書きなさい。

メモ

Growing prison population ← higher crime rate?

Reasons
1. better detection techniques: fingerprints & witness → DNA testing & CCTV cameras
2. legislation change: imprisonment for minor crimes in US
3. privatisation: decent conditions → costs cut & space reduced

Steps to improve the situation
1. new criteria for imprisonment
2. community service & home prison as options
3. overseeing privately run prisons

● サンプルエッセイ

A number of factors could be behind a rapid rise in a country's prison population. Perhaps the most obvious one would be a higher crime rate, although it seems unlikely that a crime spree would sweep a whole country. It is much more likely that better policing as well as changes to legislation and how prisons are financed are responsible for these changes.

There is no doubt that technology has given modern police forces an edge. A generation ago, police had to rely on fingerprints or eye-witnesses to get a conviction. Now, DNA testing techniques and ubiquitous CCTV* cameras make it more difficult for criminals to avoid detection. Changes to legislation, however, may also be a significant factor. In America there has been a lot of discussion about President Clinton's policy that led to criminals with prior convictions being sent to prison for minor crimes. This greatly increased the number of people in prison. At the same time, many prisons have been privatised. In the past, prisons were run by governments and it was in their interest to house the prisoners in decent conditions. However, with prisons being run by private companies there is a greater focus on making a profit and cutting costs, which could result in overcrowding. This model began in the United States and has recently been exported to Australia and the UK, so we can expect overcrowding in these countries in the future.

Countries such as the United States may need to reconsider the criteria for sending multiple offenders to prison and perhaps introduce options such as community service and home prison for less serious crimes. Creating a government agency to oversee privately run prisons may also help reduce overcrowding. Ultimately the steps that will need to be taken will depend on the specific circumstances of each country.

CCTV*　Closed-circuit tetevision camera（閉鎖回路テレビカメラ）；警備・監視のために使われる。

（302words）

サンプルエッセイ訳

ある1つの国で受刑者数が増加する背景には、たくさんの要因が考えられる。おそらく最も明らかなものが犯罪率の上昇だが、犯罪ブームが国全体に巻き起こるとは考えにくい。取り締まりの向上に加え、法律の改正や刑務所の運営費の調達方法もこうした変化の原因である。

科学技術が現代の警察に強みを持たせていることには疑問の余地がない。一世代前には、警察は有罪判決を得るために犯罪者が残した指紋や目撃者証言に頼らざるを得なかった。今では、DNAテストの技術や至るところにあるCCTVカメラによって、犯罪者が捜査を逃れることはさらに難しくなっている。しかし、法律の改正も重要な要因だろう。アメリカでは、前科のある犯罪者を軽犯罪で収監するというクリントン大統領の政策についてたくさんの議論があった。これによって、収監者数が大きく増加したからだ。同時に、多くの刑務所が民営化されている。かつて刑務所は政府によって運営され、適正な環境で受刑者を収容することが政府の利益になった。しかしながら、現在刑務所は民間会社によって運営され、収益を生んで経費を減らすことに大きく焦点が向けられるようになっていて、結果として過密状態を引き起こしかねない。このモデルは米国で始まり、最近ではオーストラリアや英国にも輸出されているので、将来これらの国々で過密状態が起こると予想される。

アメリカのような国は、複数回に渡る再犯者を刑務所に収容する判断基準を見直して、それほど重大でない犯罪に対する社会奉仕活動や自宅収監などの選択肢を導入する必要も出てくるだろう。民間経営の刑務所を監督する政府機関の創設も過密状態の軽減に役立つだろう。結局のところ、とる必要のある対策はそれぞれの国特有の状況次第になる。

◆ 解説

問題は「この状況」、すなわち受刑者数増加と過密状況の2点について理由を述べるように求めていて、解決策も提示しなければならない。まず、書き手は「受刑者数の増加は犯罪件数の増加のせいだ」という安易な考え方を疑問視して、第2パラグラフで他の3つの理由を説明している。第3パラグラフでは解決策を複数提示し、国ごとの状況によって異なってくるだろうと締めくくっている。

第2パラグラフで過去と現在の状況を対比させていることに注目しよう。こうすることでパラグラフを論理的に構成でき、短い時間の中でより多く書くことが可能になる。

役に立つ語句・表現

□ legislation：〈政府によって制定された〉法律

□ be responsible for：～の原因となる

□ There is no doubt that：～であることに疑問の余地はない

□ conviction：有罪判決

☞ conviction　は「信念」を意味する場合もある。

□ ubiquitous：至るところにある

☞ 物事があらゆる場所で見受けられるときに用いる。

□ in (the government's) interest：〈政府の〉利益 = to the benefit (of the government)

□ offender：〈法律などの〉違反者、犯罪者

Exercise 17  TASK 1

You should spend about 20 minutes on this task.

The graph below shows the seasonal sales volume for several different products at a particular UK department store.

Summarise the information by selecting and reporting the main features, and make comparisons where relevant.

Write at least 150 words.

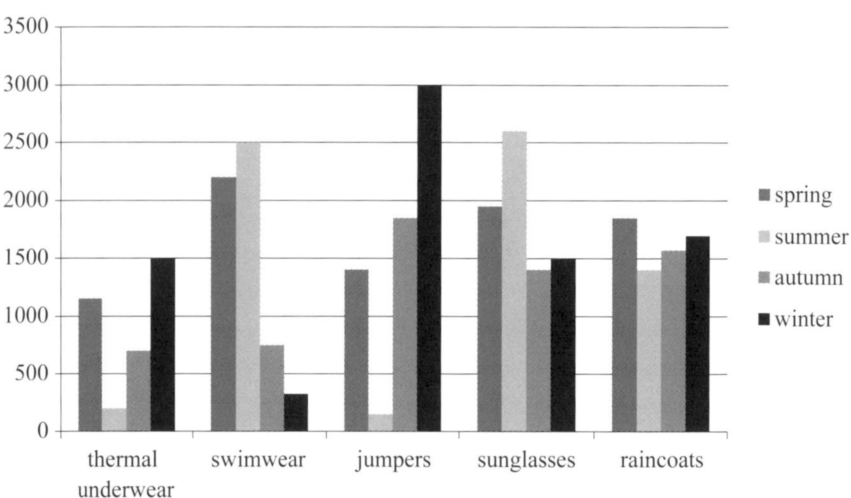

NO TEST MATERIAL ON THIS PAGE

Exercise 17　棒グラフ　解答解説

設問訳

このタスクは約 20 分で完成させなさい。

下のグラフは、あるイギリスのデパート店における、いくつかの異なる商品の季節別販売量を示している。

主な特徴を挙げて説明することで情報を要約し、関連する点を比較しなさい。

150 語以上で書きなさい。

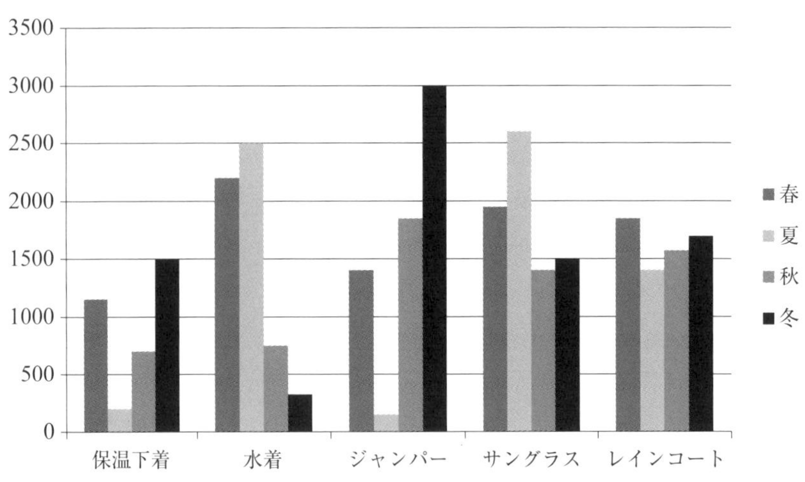

5 items
winter: cold-weather items ↑ / summer: warm-weather items ↑

raincoats
highest in spring (about 1800)
summer: drop (below 1400)
→ year-round need

sunglasses
best in summer (more than 2500)
spring: sell well
autumn (1400)

swimwear
best in summer (2500)
spring (2200)

thermal underwear & jumpers
best in winter (1500, 3000)
second best (spring, autumn)

thermal underwear, swimwear & jumpers: affected by seasons
sunglasses & raincoats: consistent sales

● サンプルエッセイ

The graph shows the volume of sales season by season at a UK department store for five items: thermal underwear, swimwear, jumpers, sunglasses, and raincoats. Not surprisingly, the cold-weather items sold well in the winter and the warm-weather items did well in the summer.

There were some interesting sales results. Sales for raincoats were highest in the spring, with approximately 1,800 units sold, but never dropped below 1,400 units even in the summer. Clearly, there is a year-round need for raincoats. Sunglasses sold best in summer, reaching more than 2,500 units, but also sold well in spring, and 1,400 units were sold even in autumn.

As expected, the top season for swimwear was summer (2,500 units), but spring sales were nearly as high (2,200 units). Thermal underwear and jumpers sold best in winter, at 1,500 and 3,000 units respectively, but the second best seasons were spring for the former and autumn for the latter.

Sales of thermal underwear, swimwear and jumpers were the most affected by the seasons while sunglasses and raincoats showed more consistent sales throughout the year.

（179 words）

サンプルエッセイ訳

このグラフは、あるイギリスのデパート店で5つの品の季節ごとの販売量を示している。5つの品とは、保温下着、水着、ジャンパー、サングラス、そしてレインコートである。当然ながら、寒い季節向けの品目は冬によく売れ、暖かい季節向けの品目は夏によく売れた。

いくつか興味深い販売結果もあった。レインコートの販売数は春に最も高くなりおよそ1,800個を売り上げたが、夏でも1,400個を下回るほど落ちなかった。明らかに、レインコートは年間を通して需要がある。サングラスは夏に最もよく売れ、2,500個を超えた。しかし、春にもよく売れ、秋にも1,400ユニット売れた。

予想どおり、水着のトップシーズンは夏（2,500個）だが、春の売り上げもほぼ同じように高かった（2,200個）。保温下着とジャンパーは冬に一番よく売れており、売り上げはそれぞれ1,500個と3,000個だった。二番目に売れた季節としては前者は春、後者は秋だった。

保温下着、水着、ジャンパーは季節に大きく影響を受ける一方、サングラスとレインコートは1年を通し、一貫した販売を示した。

◆ 解説

要約は問題を別の言葉で言い換え、重要なポイントを加え概要を述べている。グラフ中に出てくる品目についての説明は、左から右へグラフで示されている順(ここでは保温下着 → レインコート)、あるいは重要な特徴を先に示す形で、順番を決めて行うというやり方がある。このエッセイは、後の方法に従い、最初に注目すべき結果(レインコートは1年を通して売れ、サングラスは秋によく売れるという事実)を述べている。続けて、保温下着やジャンパーに関し、期待通りであった結果を述べている。最後の文章は、いくつかの品目の売り上げは他の品に比べ季節の変化に敏感に反応すると指摘している。また、エッセイでは5つの品それぞれに関し、グラフを引用した数値を挙げている。

役に立つ語句・表現

□ drop below：～を下回るほど落ちる

□ former / latter：前者 / 後者

☞ 2つの物事を紹介した後に、それぞれに関して言及するために使われる。

□ affect：影響を及ぼす = influence

□ consistent：一貫した

☞ 変化があまりなかったり、同じ経過をたどっていることを示すのに用いる。

Exercise 18 

You should spend about 40 minutes on this task.

Write about the following topic:

> ***Some primary schools have taken measures to prevent students from having mobile phones on school grounds.***
>
> ***To what extent do you agree or disagree with this ban?***

Give reasons for your answer and include any relevant examples from your own knowledge or experience.

Write at least 250 words.

NO TEST MATERIAL ON THIS PAGE

Exercise 18　意見表明　解答解説

設問訳

このタスクは約40分で完成させなさい。
次のトピックについて書きなさい。

> 一部の小学校が生徒に対し、校内への携帯電話の持ち込みをやめさせる策を取った。
>
> この禁止に対してどの程度賛成、または反対か？

自分の考えに対してその理由を示し、自分の知識や経験から適切な例を挙げなさい。
250語以上で書きなさい。

メモ

Agree but need other measures taken

1. disadvantages of mobile phones
texting, social media → disruption to socialisation
show off wealth

2. advantages
GPS & alarm functions

3. Other measures
Can take to school but must keep in lockers
Can only be used during playtime and on lunch breaks

サンプルエッセイ

Like any technology, mobile phones can be used to bad effect, and the fact that some primary schools have banned them suggests that they have been causing problems. Of course, one of the aims of a primary school education is to teach children how to socialise, and mobile phones can disrupt this development. All of us are familiar with the sight of young people absorbed in texting or using social media on their phones while ignoring the people around them. Moreover, phones can be used to show off a child's wealth. Children with money may flaunt their new smartphones while others look on enviously.

On the plus side, mobile phones can be useful. Every parent worries about their children when they are outside the home, and mobile phones these days include a GPS, or global positioning system, that parents can monitor. Mobile phones also come with alarms that children can set off if they are harassed in any way. These functions can be useful for those students that walk or take a bus to school.

Since mobile phones have genuinely useful functions, I think it is unreasonable for schools to ban them outright. Instead, the schools could find a middle ground by imposing restrictions on how the phones are used. One way would be to stipulate that the students can bring them to school but must keep them in their lockers. Another way would be to restrict their use to playtimes and lunchtimes. This sends the message that the school is not against mobile phones per se while helping children learn how to use their possessions responsibly.

(267 words)

サンプルエッセイ訳

他の技術と同様に、携帯電話の使用は悪影響を及ぼすこともある。携帯電話を禁止した小学校もあるという事実は、携帯電話がすでに問題を起こしているということを示唆している。もちろん、初等教育の目的の１つは子供たちにどのように他者と付き合うかを教えることであり、携帯電話はこの発達を妨げることもあるだろう。若い人々が携帯でメールやソーシャルメディアを使うことに熱中し、周りの人々を無視している光景がよく見受けられる。さらに、電話は子供の富裕さを自慢するために使われうる。お金を持つ子供は新しいスマートフォンを見せびらかし、一方、他の子供はうらやんで眺めるのだ。

プラス面から見ると、携帯電話は便利なものである。親は皆、子供が家の外にいる間心配するものだが、昨今の携帯電話は、GPS（グローバル・ポジショニング・システム；全地球測位網）を搭載しており、親が監視できるようになっている。携帯電話はまた、どんな状況でも困ったときには鳴らすことができる警報装置を備えている。これらの機能は、徒歩、またはバスで通学する生徒にとって役に立つはずだ。

携帯電話には本当に役に立つ機能があるので、学校が完全に携帯電話を禁止するのは不当だと私は考える。代わりに、電話の使い方に制約を課すという妥協点を見出せるだろう。１つの方法としては、生徒は学校に携帯電話を持ってきてもよいが、ロッカーに保管しなければならないと規定することである。もう１つの方法は休憩時間と昼食時間のみに使用を制限することだ。こうすれば学校は、携帯電話そのものに反対なのではなく、責任ある使い方を学ぶよう、子供たちを促す立場であるというメッセージを送ることができる。

◆ 解説

このエッセイは携帯電話の使用禁止に関し考えられる理由を検討し、子供がメールに熱中したり、スマートフォンを見せびらかしたりするという例を用い、要点を示している。第２パラグラフは ‘on the plus side’（プラス面としては）という表現を用い、肯定的な理由を次に述べている。第３パラグラフは１つ目の問いの ‘to what extent do you agree or disagree?’（どの程度賛成、または反対か）に対し、禁止は ‘unreasonable’（理不尽である）と明確に答えている。その次に、他にどのような策を講じることができるかという２つ目の問いに対し、考えを述べている。問題に ‘measure<u>s</u>’ とあるので、少なくとも２つの方法を挙げる必要がある。最後に、これらの対応策がどのように実施できるかを結びの文章で述べて締めくくっている。

役に立つ語句・表現

□ socialise：～と交際する

cf. interact [communicate] with others（他の人とふれ合う［コミュニケーションを取る］）

□ flaunt：見せびらかす　cf. show off（自慢する）

□ enviously：うらやんで

☞ envy（ねたみ）の副詞形。自分が欲しいものを他人が持っているときに生まれる不満という感情を指す。

□ outright：完全に　= fully、completely

□ impose A on B：A を B に課す

☞「権力により法律、税などが施行される」ことを表す。

□ per se：本質的に

☞ 'in and of itself'（それ自体で）という意味のラテン語表現。ここでは、問題は携帯電話そのものではなく、携帯電話の使い方にあるということを示唆している。

第3章

ライティング実戦模試

Test 01

WRITING TASK 1

You should spend about 20 minutes on this task.

The diagram below shows the steps and equipment used in generating wind power for a private residence.

Summarise the information by selecting and reporting the main features, and make comparisons where relevant.

Write at least 150 words.

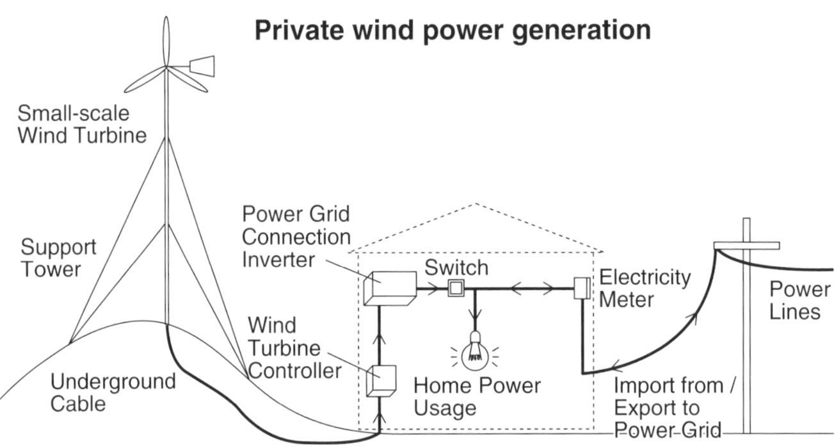

WRITING TASK 2

You should spend about 40 minutes on this task.

Write about the following topic:

> ***Some people believe that being involved in a sports club at school takes valuable time away from studies. Others feel that a student can learn many important lessons from participating in sports.***
>
> ***Discuss both of these views and give your opinion.***

Give reasons for your answer and include any relevant examples from your own knowledge or experience.

Write at least 250 words.

Test 01　解答解説

ライティングタスク 1：過程

設問訳

このタスクは約 20 分で完成させなさい。

> 下の図は自家用風力発電の段階と装置を示している。
>
> 主な特徴を挙げて説明することで情報を要約し、関連する点を比較しなさい。

150 語以上で書きなさい。

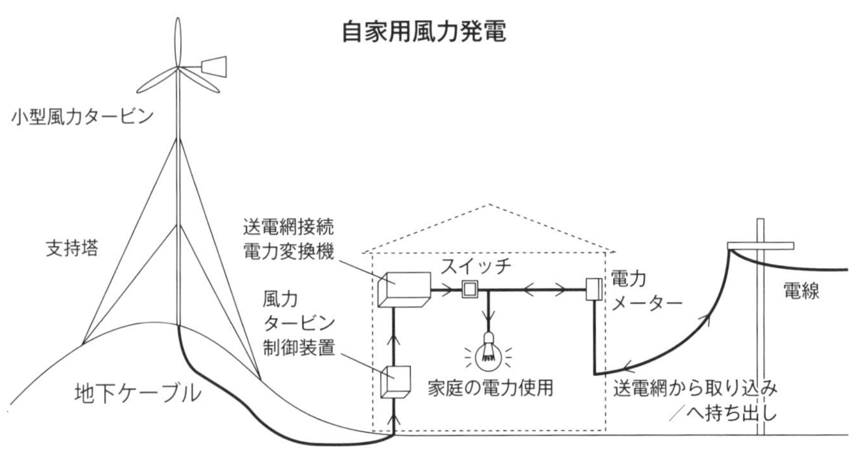

 メモ

import power

(1) wind turbine or (2) electricity grid → home

export power

(1) wind turbine → home → (2) electricity grid

turbine → home → power lines
small-scale wind turbine @support tower → underground cable → home
(wind turbine controller → power grid connection inverter → switch)
→ excess electricity → electricity meter → grid → power lines

grid → home
power lines → meter → switch

direction
(1) turbine → switch = single
(2) exterior → switch = two

サンプルエッセイ

The drawing illustrates the stages and devices used in small-scale wind-power generation for a home. The system enables the resident to access power either from the wind turbine or the electricity grid and to export wind-generated power to the grid.

Initially, electricity is generated using a small-scale wind turbine mounted on a support tower. The power flows through an underground cable into the home, where it goes through a wind turbine controller and a power grid connection inverter before reaching a switch. By flicking this switch, the resident can power light bulbs and other devices in the house. Excess electricity is sent to the electricity meter and then exported to the grid along power lines.

The resident can also import electricity from the grid. The electricity enters through power lines and goes through a meter before reaching the switch. Thus from the wind turbine to the switch, electricity flows in a single direction, but between the switch and the exterior power lines it can flow in two directions.

(168 words)

サンプルエッセイ訳

このイラストは自家用小規模風力発電の段階と用いられる装置を描写している。このシステムによって、居住者は風力タービン、あるいは電気送電網からの電力を使うこと、そして風力により作られた電力を送電網に送ることができる。

初めに、支持塔に取り付けられた小規模風力タービンを使い電力が作られる。その電力は地下ケーブルを伝い家に入り、そこで風力タービン制御装置と送電網接続電力変換器を通り、スイッチにたどり着く。このスイッチを入れることで、居住者は家の中の電球や他の装置に動力を供給することができる。余った電力は電力メーターへ送られ、そして電線を伝って、送電網へと出力される。

居住者は送電網から電力を取り込むこともできる。電力は電線に入り、電力メーターを通り、スイッチにたどり着く。このように、風力タービンからスイッチの間では、電力は一方通行で流れる。しかしスイッチから屋外の電線の間では電力は双方向で流れることができる。

◆ 解説

第1パラグラフは設問を別の言葉で言い換えたうえで、重要な傾向を加え、概要を示している。第2パラグラフはスイッチにたどり着くまでの電力の流れを追い、そのスイッチから電力が移動する2方向について説明している。第3パラグラフは送電網から来る電力について詳しく述べている。最後の文章は電力の流れる方向をまとめている。最後の文章で、'thus'（このように）と使い、その時点までに述べてきた情報から論理的な結論を示していることに留意しよう。

役に立つ語句・表現

□ enable：可能にする

☞ あることが起こりうる状況を作ること。類義語は *allow*（許す）。

□ flick：はじく

☞ 軽く、すばやく触ったり、叩いたりすることを示す；電源など、スイッチを入れるときに用いられる。

□ excess：余った = surplus（超過した）；使用量より多いこと。

□ thus：このように　cf. therefore（～であるから）、in this way（このとおり）

ライティングタスク 2：主張

設問訳

このタスクは約 40 分で完成させなさい。
次のトピックについて書きなさい。

> 学校でスポーツクラブに所属すると勉強の貴重な時間が奪われると考える人がいる。その一方、スポーツに参加することで多くの大切な教訓を学ぶことができると感じる人もいる。
>
> これら双方の見方を論じ、意見を述べよ。

自分の考えに対してその理由を示し、自分の知識や経験から適切な例を挙げなさい。
250 語以上で書きなさい。

メモ

(1) study > sports
study → good univ. + good job
sports → study hours ↓

(2) sports benefits
sports → healthy ↑ & teamwork ↑
→ important in a workplace
→ leadership → promotion at work (ex. successful business persons

Opinion sports in moderation

サンプルエッセイ

The time spent at school can have a decisive influence on a student's future success in the workplace. Since this time is so precious, it is important that students spend it productively.

Some might argue that the main purpose of being a student is to study. The more young people study, the more likely they are to get into a good university and, ultimately, find a good job. Doing sports uses up time that the student could have spent studying. It also takes time away from beneficial intellectual activities, such as playing chess or learning a musical instrument.

Others might say that the purpose of school is to help students reach their potential in all ways, including athletically. Playing sports confers skills that should be learnt early in life. It improves coordination and instils good habits that can help people stay fit and healthy throughout their lives. Playing sports can also be seen as a form of study that provides lessons in teamwork, which will be important later on when the student finds a job and has to cooperate in a workplace environment. Further, students can learn the leadership skills that they will need to gain promotion at work in later life. It is no accident that successful businesspeople often played an active part in sports during their schooldays.

To sum up, as long as students do not play sports to the extent that it takes over their lives, I think that the benefits of this type of activity more than make up for lost study time.

(257 words)

サンプルエッセイ訳

学校で過ごした時間は、将来における職場での成功に決定的な影響をもたらすことがある。時間はとても貴重なものなので、学生は成果が得られるように過ごすことが大切である。

学生の主要な目的は学問であると主張する人がいる。若い人が勉強すればするほど、良い大学に入る可能性が高くなり、最終的には良い仕事につける。スポーツをすることは、学生が勉強に充てたであろう時間を使い切ってしまう。また、チェスに興じたり、楽器を習ったりといった有益な知的活動の時間も奪う。

その一方、学校の目的は、運動競技を含むあらゆる道において、自らの潜在能力を発揮できるよう学生を助けることだと言う人もいるだろう。スポーツを行うことで人生の早いうちに学ぶべきスキルが身につく。スポーツを行うことで、体調は整えられ、人生を通して元気と健康を維持できる良い習慣が身につく。スポーツを行うことはまた、チームワークに関する教訓が学べる、1つの学問の型だと見ることもできるだろう。その教訓は、後に、学生が職を得て、職場で人と協力しなければならないときに大切になるだろう。さらに学生たちは、後の人生において、仕事で昇進するために必要なリーダーシップスキルを学ぶこともできる。成功している実業家たちが、よく学生時代にスポーツに意欲的に取り組んでいたことがあるのは偶然ではない。

まとめると、自身の人生が奪われるほどスポーツを行うのでなければ、このタイプの活動（スポーツ）の利点は、減った勉強の時間を埋め合わせすること以上に多いと私は考える。

◆ 解説

このエッセイは双方の主張について論議し、明確な意見を述べている。そのため、設問文に対し完全に答えていると考えられる。冒頭のパラグラフは学校で過ごす時間の大切さを指摘し、第2、第3パラグラフはこの時間がどのように過ごされるべきかを論じている。第2パラグラフは勉強の利点を、第3パラグラフはスポーツの利点を強調している。反対の主張は 'some might argue'（中には主張する人もいるだろう）や 'others might say'（他の人は言うかもしれない）という表現で示される。最終パラグラフで、適度に行うべきだと警告しつつも、スポーツをする方に賛成であるという書き手の意見を述べている。

第3章 TEST 解答解説

役に立つ語句・表現

☐ decisive：決定的な = crucial

☐ ultimately：最終的には = finally、in the end

☐ instil～：～を教え込む〈米〉instill

☞ ゆっくりと、しかし確実に定着させることを指す。

☐ fit：元気な

☞ 体力・気力があること。

☐ take over ～：～に大きな影響を与える cf. come to dominate（支配しに来る）

☐ make up for～：～を埋め合わせる

cf. compensate for（～を補償する）；悪い点を相殺することを表す。

Test 02

WRITING TASK 1

You should spend about 20 minutes on this task.

The following table shows the rates of childhood obesity for 12-year-olds in four mid-sized cities.

Summarise the information by selecting and reporting the main features, and make comparisons where relevant.

Write at least 150 words.

Percentage of clinically obese 12-year-olds

City location	1950	1970	1990	2010
The US	4%	8%	12%	19%
Canada	3%	6%	10%	15%
The UK	4%	7%	10%	18%
New Zealand	2%	3%	7%	8%

WRITING TASK 2

You should spend about 40 minutes on this task.

Write about the following topic:

> ***With the development of the Internet and more easily available international travel options, the world has become a truly international place.***
>
> ***To what extent do you agree or disagree?***

Give reasons for your answer and include any relevant examples from your own knowledge or experience.

Write at least 250 words.

Test 02 解答解説

ライティングタスク 1：表

設問訳

このタスクは約 20 分で完成させなさい。

> 下の表は 4 つの中規模都市における、12 歳児の小児肥満率を示している。
>
> 主な特徴を挙げて説明することで情報を要約し、関連する点を比較しなさい。

150 語以上で書きなさい。

臨床的肥満 12 歳児の割合

都市の所在地	1950	1970	1990	2010
アメリカ	4%	8%	12%	19%
カナダ	3%	6%	10%	15%
イギリス	4%	7%	10%	18%
ニュージーランド	2%	3%	7%	8%

 **メモ**

obesity levels [1950-2010] children aged 12 in medium-sized cities in 4 countries (20-year interval)
obesity ↑ fourfold in each city

1950: US / UK 4%
US ↑ (8% in 1970, 12% in 1990, 19% in 2010) → 1st
UK ↑ (7% in 1970, 10% in 1990, 18% in 2010) → 2nd
Canada / New Zealand: 3% → 15% / 2% → 8% [1950-2010]

rate of increase
US & UK & Canada doubled (1950-70) → somewhat slowing
New Zealand ↑ (1970-90) → slowing → lowest rate (2010)

サンプルエッセイ

The chart indicates obesity levels from 1950 to 2010 for children aged 12 in medium-sized cities located in four different countries. The data, which are given at 20-year intervals, show that obesity increased fourfold or more in each city.

In 1950, the US and the UK had the joint highest rate of obese 12-year-olds at 4% of the total. After this, the US city rates rose fastest, reaching 8% in 1970, 12% in 1990 and finally 19% in 2010. Obesity in the UK city rose at slightly slower rates, reaching 7%, 10% and 18% of all 12 year-olds respectively over the remaining three periods to end as the second most obese city. In the Canadian and New Zealand cities, obesity rates rose from 3% to 15% and from 2% to 8% over the entire time period.

The rate of increase in the US, UK and Canadian cities doubled or almost doubled between 1950 and 1970 before slowing somewhat while in the New Zealand city the rate accelerated between 1970 and 1990 before slowing. In 2010, the obesity rate in the New Zealand city was by far the lowest among the four.

(191 words)

サンプルエッセイ訳

この図は、4つの異なる国にある中規模都市における、1950年から2010年の間の、12歳の子供たちの肥満レベルを示している。20年間隔で出されているデータは、それぞれの都市で4倍、もしくはそれ以上に肥満が増えたということを示している。

1950年には、アメリカとイギリスはともに、12歳児の肥満が全体の4%という最も高い割合であった。その後、アメリカの都市の割合は急速に伸び、1970年には8%、1990年には12%、最終的に2010年には19%に達した。イギリスの都市での肥満は若干遅い割合で上がり、残りの3期間を通じて、それぞれ全12歳児の7%、10%、そして18%に達し、連続して二番目に肥満の多い都市となった。カナダとニュージーランドの都市では、肥満は全体の期間を通じて3%から15%に、2%から8%に上った。

アメリカ、イギリス、カナダの都市における増加率は、1950年から1970年の間は2倍、またはおよそ2倍であり、その後いくぶん緩やかになった。一方、ニュージーランドの都市の増加率は1970年から1990年に 加速し、その後緩やかになった。2010年にはニュージーランドの都市の肥満率は4つの都市の中ではるかに低いものだった。

◆ 解説

良いエッセイとは、読み手が要点を推測するのに十分な、詳しい情報を示すものであり、このエッセイもそれが意図されたものである。エッセイは、設問を別の言葉で言い換え、「すべての都市で小児肥満率が少なくとも4倍の増加を示した」という要点から始まっている。ニュージーランドの水準は他よりもはるかに低かったという事実もまた要点としてとらえられ、エッセイの最後に触れられている（要点を示すのは、必ずしも第1パラグラフの最後でなくともよいことを覚えておこう）。第2パラグラフは、それぞれの国を順番に最上位から最下位まで、広範なデータを示し、論じている。時間制限がある中で、すべての数値を挙げるという実現不可能な方法はとっていない。第3パラグラフでは、増加率の問題を見ていくが、ここは、少し慎重にならなければならない。アメリカの都市を例に取れば、1950年から1970年までの4%から8%という増加は、一見、1990年から2010年の12%から19%への増加よりも少なく見えるが、実際の増加率は大きくなる。1950年から1970年の100%の伸びに対し、1990年から2010年には50%をやや上回る程度で伸びたことになるからだ。

役に立つ語句・表現

□ fourfold：4 倍に

☞ twofold（2 倍に）、threefold（3 倍に）、fivefold（5 倍に）、または double（2 倍になる）、triple（3 倍になる）、quadruple（4 倍になる）という言葉で掛け算での増加を表せる。

□ reach：達する　cf. amount to（総計に達する）

□ accelerate：加速する cf. speed up（速度を上げる）

□ by far：はるかに　cf. much more than（～よりはるかに）

ライティングタスク 2：意見表明

設問訳

このタスクは約 40 分で完成させなさい。

次のトピックについて書きなさい。

> インターネットの発展と、気軽な海外旅行の選択肢が増えたことで、世界は本当に国際的になった。
>
> これにどの程度賛成、または反対か？

自分の考えに対してその理由を示し、自分の知識や経験から適切な例を挙げなさい。

250 語以上で書きなさい。

[Agree]

easy to travel abroad & communicate via internet

⇔ my great-grandfather's day

[Disagree]

×truly international

most ppl. only read & speak in their mother tongue

- difficult to communicate with the locals
- travel with little contact with the locals

the Internet → × correct view of other countries e.g. US TV series

solutions for truly international world

1. foreign language study → real insights
2. study abroad → lasting impression
3. overseas volunteer → experience daily lives of the locals

● サンプルエッセイ

My great-grandfather once said that when people travelled from his country village in England they either walked or rode a horse, and when strangers came to visit the children would throw stones at them! Today's world is no longer so isolated. We travel abroad at the drop of a hat, and if we decide to stay home, we can easily communicate with people from other countries via the Internet.

These trends have gone some way to making the world more interconnected, but it would be an exaggeration to call it truly international. To begin with, most people only read and speak comfortably in their own language. If that language happens to be English you can travel in the Anglosphere*, but in other countries you will find it difficult to understand the locals. Moreover, for too many of us foreign travel means relaxing at a beach resort where contact with locals is minimal. As for the Internet, the entertainment we view on it gives us a distorted view of other countries. Watching US TV series gives the impression that many people live in huge mansions, which is far from the truth.

To make our world more truly international, we need to immerse ourselves in other cultures. Increasing the amount of foreign language study would give us real insights into other ways of life, and study abroad programmes for students can create lasting impressions of a country other than our own. Finally, participating in overseas volunteer programs can give us an authentic glimpse into the daily lives of people from other countries. All of these activities can foster an openness and acceptance of other cultures. When we achieve that state of mind, we will be a truly international world.

* anglosphere　英語が主要言語である国。

(287 words)

サンプルエッセイ訳

曽祖父が一度言ったことがある。彼が住んでいたイギリスの片田舎の村から出かけるときには、歩くか馬に乗るかしかなかった。また、よそ者が訪ねてくると子供たちは石を投げつけたものだった！ 今日の世界はもはやこのように孤立してはいない。きっかけがあればすぐに外国へ旅行し、家にいると決めたとしても、インターネットを通じ、簡単に他の国の人々とコミュニケーションを取ることができる。

これらの傾向により、世界はいくらか互いにつながりを築けるようになったが、これを本当に国際的と呼ぶのは言いすぎであろう。まず初めに、多くの人々は自身の言語しか不自由なく読んだり話したりできない。母語がたまたま英語であったなら英語圏は旅行できる。しかし、他の国で現地の人を理解するのは難しいだろう。さらに、多くの人にとっては、外国旅行とは、ビーチリゾートでリラックスすることを意味しており、そのような場所では、ほんのわずかしか現地の人とふれ合えない。インターネットに関して言えば、ネットを通じて見られる娯楽は国々に対する見方を歪めるものである。アメリカのテレビシリーズを見ると、多くの人々は巨大な豪邸に住んでいる印象を受けるが、それは真実とはほど遠い。

世界を本当に国際的にするためには、他の文化に自分の身をおかなければならない。外国語学習の量を増やすことで他の生き方に対して真の見識が得られる。そして、学生の留学プログラムは自国以外の国に対し、強い印象を抱かせる。最後に、海外ボランティアプログラムに参加することで、他国の人々の日常生活を垣間みることができる。これらの活動によって異文化に対する寛大な心と受け入れる力を育てることができる。このような意識に達するとき、本当に国際的な世界になるだろう。

◆ 解説

このエッセイは短いエピソードから始まり、過去の人々が孤立した生活を送っていたことを鮮明にイメージさせている。エピソードは読み手の注意を引き、要点を表すのに役立つ。その昔の生活と現在の相互につながった世界を対比させたうえで、なぜ世界が広がったかという理由として旅行とインターネットを挙げている。もちろん、設問で示されているこれら２つの要素には必ず触れなければならない。第２パラグラフは、なぜ世界はまだ国際的な場所ではないのかという理由、第３パラグラフは、世界をもっと国際的にしうる策について論じている。

このエッセイは、‘My great-grandfather told me ...（曽祖父が教えてくれたことだが）... today's world（今日の世界では）... these trends（これらの傾向）... to make our world more truly international（世界を真の意味でもっと国際的にする）...’ という想像力に富んだ表現と、構成をはっきりさせるつなぎの慣用表現 ‘to begin with’（はじめに）、‘moreover’（さらに）、‘finally’（最後に）を使い、文章の流れをよくしていることに注目したい。エッセイは、未来を見すえる典型的なまとめの文章で締めくくられている。

役に立つ語句・表現

□ at the drop of a hat：きっかけがあるとすぐに

☞ あまり考えることなしに、何かをすばやく簡単に行う意味のイディオム。類似表現には、‘at a moment's notice’（一秒の知らせで＝即座に）、‘in a heartbeat’（一心拍で＝一瞬で）がある。

□ minimal：最低限　の

☞「できるかぎり少なく」ということを表す。

□ immerse oneself in ～：～に没頭する

☞ 深く熱中するようになること、完全に覆われることを指す。

□ insight：洞察、見識

☞ ある物の真の性質に対する理解

□ lasting：永続的な cf. exist [continue] for a long time（長い間存在する［続く］）

□ glimpse：一見、一瞥　cf. a brief look at ～（～をちらっとみること）

Appendix

ライティングセクション攻略のための必修フレーズ100

タスク 1　攻略のための必修フレーズ

導入する（Introduction statements）

1. The bar graph **illustrates**…
   棒グラフは ... を**説明している**。

2. The graph **highlights** information about…
   グラフは…に関する情報を**強調している**。

3. The two pie charts **indicate**…
   2 つの円グラフは ... を**示している**。

全体の概要を提示する（Providing a big picture overview）

4. **Overall** it can clearly be seen that…
   全体的には、…だとはっきりとわかる。

5. **Looking at the big picture**…
   全体像を見ると、…

6. **Taking everything into account**, it can be said that…
   すべてを考慮すると、…だと言える。

7. **For the most part**, the data shows us that…
   ほとんどの場合、データは私たちに…だと示している。

傾向を説明する（Describing trends）

8. Sales of citrus fruits to country B and Country C, namely lemons and limes, have **skyrocketed**.
柑橘類、特にレモンとライムの B 国と C 国への販売が**急増した**。

9. There has been a **considerable increase** in population.
人口が**かなり増加**している。

10. We can see a **dramatic rise** in the number of immigrants living in the U.K.
英国に住む移民の数が**劇的に増加**していることがわかる。

11. There was a **sharp growth** in international visitors to Tokyo in 2015.
2015 年に東京を訪れた外国人観光客は**急増**した。

12. There has been a **marked rise** in the number of people smoking in urban areas.
都市部で喫煙者の数が**著しく増加**している。

13. The data shows a **quick increase** in CO_2 emissions in developing countries since the 1980's.
このデータは、1980 年代以降の途上国における CO_2 排出量の**急速な増加**を示している。

14. There is a **significant climb** in the total amount of dollars invested in sustainable forms of energy.
持続可能な形態のエネルギーに投資されたドル総額は**大幅に増加**している。

15. Users of online shopping have **climbed considerably** over the last 10 years.
ネットショッピングの利用者は過去 10 年間で**かなり増加した**。

16. Global temperatures have **risen sharply** over the last 50 years.
過去 50 年間で地球の気温は**急激に上昇した**。

17. International tourism to South East Asian nations has **increased dramatically**.
東南アジア諸国への国際的な観光は**劇的に増加した**。

18. The export of dairy products, especially cheese, has **grown significantly** since 1998.
乳製品、特にチーズの輸出は、1998 年以降**大幅に増加した**。

19. The profits of Company A have **climbed markedly** in the 1990's.
A 社の利益は 1990 年代に**著しく上昇した**。

20. Imports of carbonated drinks from South America have **risen rapidly** over the years shown on the line graph.
南米からの炭酸飲料の輸入は、折れ線グラフに示されている数年間に**急速に上昇した**。

21. Sugar consumption in children aged 7 to 11 has **grown quickly** since the 1980's.
7 歳から 11 歳までの子供の砂糖の消費量は、1980 年代から**急速に増加した**。

22. Sales of home appliances from China to African nations have **inched upward** over the last 30 years.
中国からアフリカ諸国への電化製品の販売は過去 30 年間で**少しずつ上向いている**。

23. There has been a **moderate increase** in sales in both companies since 2010.
2010 年以降、両社の売上は**緩やかに増加している**。

24. The data shows a **slow growth** in the number of expatriates living in the Middle East.
このデータは、中東に住む外国人の数の**緩やかな増加**を示している。

25. We can see a **gradual climb** in sales of automobiles from Japan to European states over the last 40 years.
過去 40 年間で日本からヨーロッパ諸国への自動車販売が**徐々に増加している**のがわかる。

26. The line graph highlights a **slight rise** in supermarket sales of fresh fruit and vegetables from 2000 to 2006.
この折れ線グラフは、2000 年から 2006 年にかけて新鮮な果物や野菜のスーパーマーケットでの販売が**わずかに増加した**ことを明確に示している。

27. The number of university graduates choosing to continue their studies for a post-graduate degree has **climbed gradually** over the years shown.
大学卒業後、大学院の学位を取得するため学業を継続することを選ぶ人の数は、示された数年で**徐々に増加している**。

28. We can see that the number of qualified teachers in Country C has **grown moderately** over the first 6 months of 2010.
C 国で資格を持つ教員の数は、2010 年の最初の 6ヶ月間で**緩やかに増加した**ことがわかる。

29. Tourists to the U.S. who visited Disney World in 2012 **increased slightly.**
2012 年にディズニーワールドを訪れた米国への旅行者が**若干増加した**。

30. Participants of racquet sports in both countries have **risen slowly** since 2009.
両国のラケットスポーツの参加者は 2009 年以降**ゆっくりと増加している**。

Appendix

31. Over the last five years, the number of car users in Country A has **remained steady.**
過去 5 年間、A 国での車の利用者数は**一定のまま**だった。

32. The number of bus users in Country B over the last five years has **remained constant.**
B 国のバスの利用者数は過去 5 年間**一定のまま**だった。

33. Sales of sports goods over the last 18 months have **held steady**.
過去 18ヶ月間のスポーツ用品の販売は**一定のまま**であった。

34. University A's total expenditure on books in US dollars has **remained relatively stable.**
A 大学の米ドル計算による書籍への支出総額は**比較的安定したまま**だ。

35. There has been a **moderate drop** in the number of students studying overseas since 2012.
2012 年以降、留学する学生の数が**緩やかに減少している**。

36. There has been a **slight decline** in exports to the EU since the turn of the millennium.
21 世紀に入ってから EU への輸出は**わずかに減少している**。

37. We can see a **slow fall** in government investment in transport services over the last 20 years.
過去 20 年間で輸送サービスに対する政府投資が**ゆっくりと減少している**のがわかる。

38. The bar chart shows a **gradual decrease** in the number of females watching reality TV programmes in the last 5 years.
棒グラフは、過去 5 年間でテレビのリアリティ番組を見る女性の数が**徐々に減少している**ことを示している。

39. The number of endangered animals has **fallen gradually** over the years shown.
絶滅の危機に瀕した動物の数は、示された数年で**徐々に減少している**。

40. One of the most striking features is that the number of people travelling from Country A to Country B has **declined moderately** over the 15 years presented.
最も顕著な特徴の 1 つは、A 国から B 国への旅行者の数が提示された 15 年間にわたって**緩やかに減少した**ことである。

41. One of the main trends is that food consumption in Country A **decreased slightly** over the 50 years presented in the graph.
主な傾向の 1 つとして、A 国の食糧消費がグラフで示された 50 年間で**わずかに減少した**。

42. The number of people living in rural areas **dropped slowly** in the 1990's.
農村地域に住む人々の数は 1990 年代に**ゆっくりと減少した**。

43. The total number of male visitors to the city library has **plummeted**.
市立図書館を訪れる男性の総数が**急減した**。

44. There has been a **significant drop** in annual rainfall in Country A.
A 国では年間降雨量が**大幅に減少した**。

45. We can see a **quick decline** in the first 6 months in the number of units sold.
最初の 6ヶ月間で販売個数が**急に減少した**ことがわかる。

46. It is clear to see that there was a **considerable fall** in students who attended Spanish classes at University A in the fall semester.
秋学期に A 大学でスペイン語講座を受講した学生が**かなり減少した**のことが明らかにわかる。

47. The main trend to identify is the **dramatic decrease** in the share price of company A since the economic downturn in 2008.
確認すべき主な傾向は、2008 年の景気後退以降、A 社の株価が**劇的に下落したこと**である。

48. We can see a **marked decline** in female employment rates in all four Japanese prefectures.
日本の 4 県全てにおける女性の就業率の**著しい低下**がわかる。

49. There was a **rapid drop** in suburban crime rates from 2003 to 2013.
郊外の犯罪率は 2003 年から 2013 年に**急速に低下した**。

50. It is clear to see that there has been a **sharp fall** in commuters by rail from London to Manchester.
ロンドンからマンチェスターへ電車通勤する人が**急激に減少した**ことが明らかにわかる。

51. Internet sales of home appliances have **declined dramatically** over the last decade.
電化製品のインターネット販売は過去 10 年間で**劇的に減少した**。

52. The number of reported UFO sightings has **fallen sharply** over the last 12 months.
報告された UFO の目撃数は、過去 12ヶ月間に**急激に減少した**。

53. The average hours of voluntary work done by students in both countries A and B have **decreased markedly** over the 20 years presented.
A 国と B 国両方の学生によるボランティア活動の平均時間は、提示された 20 年間で**著しく減少した**。

54. The total numbers of prisoners in Country C **dropped quickly** in the

1970's.
C 国の囚人の総数は、1970 年代に**急速に減少した**。

55. Literacy rates of children aged 11 to 13 **declined sharply** over the ten years shown on the line graph.
11 歳から 13 歳までの子どもの識字率は、折れ線グラフに示されている 10 年間で**急激に減少した**。

56. The numbers of international students at College A have **fluctuated** over the last 20 years.
A 大学の留学生の数は過去 20 年間で**変動している**。

57. We can see a **fluctuating trend** in the unemployment rate for males aged 20-30 in Country A.
A 国で 20-30 歳の男性の失業率が**変動している傾向**がわかる。

タスク 2　攻略のための必修フレーズ

情報を追加する（Adding information）

58. Electronic devices have certainly helped to make people's lives easier. **Additionally**, they have made communication a lot faster.
電子機器は、人々の生活をより楽にすることに確かに役立っている。**さらに**、電子機器のおかげで、コミュニケーションははるかに速くなった。

59. Parents should limit the time their children spend on their phones because they lose time to study. **Moreover**, these devices have been shown to have serious health risks.
子供の勉強時間がなくなるため、両親は子供が電話で話す時間を制限すべきだ。**さらに**、これらの機器には重大な健康リスクがあることが明らかになっている。

60. Increasing obesity rates have resulted from a lack of regular exercise and **also** an increase in the consumption of fast food.
肥満率の増加は、定期的な運動の不足**および**ファストフードの消費の増加によって**も**起きている。

61. On-the-job work experience can help students understand the office environment. **Furthermore**, they can develop the right communications skills required to be successful in business.
実務経験は学生がオフィス環境を理解するのに役立つことができる。**さらに**、彼らはビジネスで成功するために必要な適切なコミュニケーション能力を伸ばすことができる。

62. Large studios often have to spend millions of dollars on actors' salaries. **In addition**, they must invest millions more to market their movies in order to increase awareness.
大規模な映画撮影所は、俳優の給料に何百万ドルも費やさなければならないことが多い。**さらに**、認知度を高めるために何百万ドルも投資して映画を宣伝しなければならない。

類似性を示す（Showing similarity）

63. It is vital for the government to promote healthy lifestyles and **in the same way** individuals should take more responsibility for their well-being.
政府が健康的なライフスタイルを促進することは極めて重要であり、**同様に**、個人は自分の健康に対してより責任を負うべきである。

64. The federal government has introduced new ideas to reduce congestion and **by the same token**, local communities are coming up with ways to improve transport links.

連邦政府は渋滞を緩和するための新しいアイデアを導入した。**同様に**地元のコミュニティは交通機関の連結を改善する方法を考え出している。

対比を示す（Showing contrast）

65. Supporters of an open immigration policy argue that this brings cultural diversity. **Yet** opponents suggest this leads to increase in crime rates.
開放的移民政策の支持者は、このことが文化的多様性をもたらすと主張している。**しかし**、反対者はこれによって犯罪率が増加すると示唆している。

66. Many people say that children should be given responsibility early. Others, **however**, believe such responsibility can only be shared when children approach early adulthood.
子どもたちは早い時期から責任を与えられるべきだと多くの人々が言っている。**しかし**、子供たちが成人期の初期に近づいてから、そのような責任の一部を負うことができると信じる人もいる。

67. I think that studying abroad helps to broaden the horizons of students. **On the other hand**, I realise that such a long time away from home can be challenging.
留学は学生の視野を広げるのに役立つと私は思う。**その一方で**、私は、家から遠く離れてこのような長い時間を過ごすことには困難を伴う場合があると理解している。

68. There are many who believe that global warming is not true. **On the contrary**, there is strong evidence that implicitly highlights the rising of global temperatures.
地球温暖化は真実ではないと信じている人が多くいる。**それとは逆に**、地球の気温の上昇を暗に示している確かな証拠がある。

69. Many people prefer to shop in department stores because they can try on clothing. **Nevertheless**, online shopping does offer convenience to those who do not have the time to go out to stores.
洋服を試着できるため、多くの人がデパートで買い物をすることを好む。**それでも**、オンラインショッピングは、店に出かける時間がない人にとって確かに便利だ。

70. **Although** marketing and sales strategies are important, I believe the key asset to a company is its staff.
マーケティング戦略とセールス戦略は重要**だが**、私は会社にとっての重要な資産はスタッフだと考えている。

時間を表す（Time markers）

71. **Following** the industrial revolution, there were a great many technological innovations that led to rapid economic growth.
産業革命**の後**、急速な経済成長をもたらした多くの技術革新があった。

72. **During** the cold war, tensions between the U.S. and USSR were at an all time high.
冷戦**の間**、米国とソ連の間の緊張はこれまでになく高まっていた。

73. **Once** a student decides on their university of choice, they need to take the required entrance examinations.
一旦学生が志望大学を決定する**と**、必須の入学試験を受ける必要がある。

74. Studying history can ensure we learn from previous mistakes and **subsequently** we can avoid making the same errors in the future.
歴史を学ぶことで過去の間違いから確かに学ぶことができ、**その次に**将来に同じ誤りを犯すことを避けることができる。

75. In my opinion, it is important for high school students to go on to tertiary education to complete undergraduate degrees. **Next**, they can progress on to study doctorate programmes to further their academic knowledge.
私の意見では、高校生は学士号を修めるために高等教育に進むことが重要である。**次に**、彼らは博士課程の勉強に進み、学問的知識をさらに高めることができる。

例を示す（Giving examples）

76. Recent technological developments have made our lives a lot easier. **For example**, GPS helps us to find new locations and ensures we do not get lost.
最近の技術開発によって、私たちの生活はずっと楽になった。**たとえば**、GPSは私たちが新しい場所を見つけるのに役立ち、道に迷わないようにしてくれる。

77. Some jobs require the ability to use our imaginations. **As an illustration** of this, architects must envision and design new spaces and buildings.
私たちの想像力を使う能力を必要とする仕事がある。**この実例として**、建築家は新しい空間と建物を構想し、設計しなければならない。

78. Most international companies today are looking to hire new employees who are multi-skilled. **Specifically** they are looking for both academic and communicative ability.
今日、ほとんどの国際企業は、多くの能力を持った新入社員を募集している。**具体的には**、学術的能力とコミュニケーション能力の両方を求めている。

79. It is important for bosses to help alleviate the stress of their workers. **For instance**, they can provide relaxation spaces in offices.

上司が部下のストレスの緩和を促進することが重要である。**例えば**、上司はオフィスでリラックスする空間を提供することができる。

80. Small businesses help to create vibrant local communities. **To illustrate this**, several restaurants in my neighbourhood contribute to the local economy.
中小企業は活気のある地域社会の創造に役立っている。**この実例として**、私の近所にあるいくつかのレストランは地元経済に貢献している。

原因と結果（Cause and result）

81. In my opinion the next global conflict will be over the control of natural water **because** these sources are gradually diminishing.
私の見解では、天然の水源が徐々に減少している**ため**、次の世界的な衝突は天然水の支配権を巡るものになるだろう。

82. **On account of** rising national debt levels, less money has been allocated towards health care and education this year.
国家債務水準の上昇**により**、今年は医療費と教育費が削減された。

83. The process of globalisation is bringing countries and people closer together and **for that reason** English has become the language used for international communication.
グローバル化のプロセスは、国々と人々をより密接に結びつけている。**そのため**、英語は国際的なコミュニケーションのために使用される言語となっている。

結果を示す（Showing consequence）

84. It is essential for parents to discipline their children if they are rude to others. **As a result**, these kids will grow up knowing how to behave well with others.
もし子供が他の人に失礼だったら、両親は子供をしつけることが不可欠である。**結果として**、これらの子供たちは他人に対して行儀よく振る舞う方法を知って成長するだろう。

85. Many of the top global companies have invested a lot of money in graduate programmes and **consequently** they attract the best graduates.
一流のグローバル企業の多くは、大学院のプログラムに多額の資金を投資しており、**その結果**、優秀な卒業生を呼び込んでいる。

86. National museums have recently made admission free for all adults and children. **Accordingly**, visitor numbers have increased dramatically over the last few years.
国立博物館は最近すべての大人と子供の入場を無料にした。**したがって**、訪問者数は過去数年間で劇的に増加している。

87. The government has spent more money on encouraging entrepreneurship since the turn of the millennium. **Therefore**, more new businesses have started to emerge.
21 世紀に入ってから、政府は事業欲を高めるためにより多くの資金を費やしてきた。**したがって**、より多くの新しい会社が出現し始めた。

88. People have such busy lifestyles these days because of hectic work schedules. **Thus**, they are neglecting their bodies and obesity is becoming a serious problem.
多忙を極めた勤務スケジュールによって、人々は非常に忙しい生活を送っている。**したがって**自らの体をないがしろにして肥満が深刻な問題になっている。

89. More and more Japanese people are deciding not to have children because

of the costs involved. **Hence** the country is facing several problems including an ageing workforce and in the long term, depopulation.
費用がかかるため、子供を持たないと決めている日本人が増えている。**したがって**、日本は労働者の高齢化や長期的には人口減少などのいくつかの問題に直面している。

言い換える（Paraphrasing）

90. In many countries the amount of crime is increasing because of the worsening economic conditions. **To put it another way**, a bad economy has a profound affect on the number of crimes committed.
経済状況の悪化により多くの国で犯罪が増加している。**別の言い方をすれば**、景気の悪さが犯罪の数に深刻な影響を与えている。

91. Children seem to be able to pick up languages much more easily than adult learners because they have no learning anxiety. **In other words**, kids are able to learn a new language faster as they have no fear of failure.
学習上の不安がないため、子供たちは成人の学習者よりもはるかに簡単に言語を身につけることができるようである。**言い換えると**、子供は失敗の恐れがないので、新しい言語をより速く学ぶことができる。

92. There are so many TV channels today that it is difficult to decide what to watch and we waste time flicking through the options. **To explain more clearly**, the range of choice has a negative influence on the overall viewing experience.
今日非常に多くのテレビチャンネルがあり、見るものを決めるのが難しく、チャンネルを次から次へと変えて時間を無駄にしてしまう。**より明確に説明すると**、その選択肢の広さが全体的な視聴経験に悪影響を及ぼす。

93. In job interviews it is important to dress well and look presentable. **That is**

to say, first impressions are crucial if you want to put yourself in the best possible light.
仕事の面接では、良い服装をして見た目をよくすることが大切である。つまり、自らを可能な限りよく見せたい場合は、第一印象が重要である。

94. Some argue that the elderly should retake their drivers' license as they cause an increasing number of car accidents. To clarify, these people argue that someone's ability to drive well deteriorates with age.
高齢者は自動車事故の増加を引き起こすため、運転免許証を取り直すべきだと主張する人もいる。より明確に説明すると、運転能力が年齢とともに悪化するのだとこれらの人々は主張している。

結論を述べる（Concluding）

95. In conclusion, there will be an increase in the number of people living in tall buildings primarily because of a lack of available space and rising populations.
結論として、利用可能な空間の不足と人口増加が主な理由で高層ビルに住む人々の数が増加するだろう。

96. Finally, it is important to note that despite the several drawbacks noted above, the advantages that new technology brings to our lives are numerous.
最後に、上記の欠点がいくつかあるものの、新しい技術が私たちの生活にもたらす利点が非常に多いということに留意することが重要だ。

97. To conclude, the increasing usage of SNS will slowly lead to the erosion of traditional face-to-face communicative skills.
結論として、SNS の使用が増加すると、従来の対面コミュニケーション能力が徐々に低下することになるだろう。

98. **To sum up**, everyone studies languages differently but in my opinion the best way to master a new language is to spend time living, working, or studying in the country where that language is spoken.

まとめると、誰もが言語を異なる方法で勉強するが、私の意見では、新しい言語をマスターする最良の方法はその言語が話されている国で生活したり仕事をしたり勉強したり時間を過ごすことである。

99. **In summary**, effective leaders are people who can listen closely to others, provide guidance in times of trouble, and make difficult decisions when required.

要約すると、有能な指導者は、他者の話をよく聴き、問題が起きた時に指示を出し、必要なときには困難な決定を下すことができる人である。

100. **To summarise**, while watching television can help to educate and entertain children I believe that interaction with other children in outdoor activities is much better for their social development.

要約すると、テレビを見ることは子供を教育したり楽しませたりすることを助ける一方で、私は屋外活動で他の子供と交流することが彼らの社会性の発達にとってはるかに良いと信じている。

解答用紙

DATE ____________________

TASK 1

DATE ____________________

TASK 2

［編著者紹介］

トフルゼミナール

1979年に英米留学専門予備校として設立以来IELTS、TOEFL、SAT、GRE、GMATなど海外留学のための英語資格試験対策や渡航準備などを通し、多くの海外留学をめざす学習者をサポート。国内大学受験においては、東京外国語大学、早稲田大学国際教養学部、上智大学国際教養学部、国際基督教大学（ICU）など英語重視難関校対策や、AO・推薦入試のための英語資格試験対策、エッセイ指導等を行なっている。

執筆協力：川端淳司、Geoff Tozer、鈴木順一、Markus Lucas、Cameron High、Guenter Brook

翻訳：鈴木瑛子、高橋由加梨

校閲：土屋章子

編集協力：徳永和博

DTP：有限会社中央制作社

パーフェクト攻略 IELTS ライティング 新装版

発行日　　：2017 年 3 月 30 日　第 1 版第 1 刷
　　　　　　2020 年 3 月 20 日　新装版第 1 刷

著　者　　：トフルゼミナール
発行者　　：山内哲夫
企画・編集：トフルゼミナール英語教育研究所
発行所　　：テイエス企画株式会社
　　　　　　〒 169-0075　東京都新宿区高田馬場 1-30-5 千寿ビル 6F
　　　　　　TEL　(03) 3207-7590
　　　　　　E-mail　books@tsnet.co.jp
　　　　　　URL　https://www.tofl.jp/books
印刷・製本：シナノ書籍印刷株式会社

ISBN978-4-88784-251-9　Printed in Japan